팝송으로 쉽게 배우는
실용시창청음

| 손진숙 저

06 예제는 모두 시창 · 청음하기 편하도록 C Key로 전조하였다.

원곡의 C Key일 경우 예제곡만 학습하도록 하였고, C Key가 아닌 경우에는 Original Key로 조옮김하는 문제도 수록하였다. 조옮김 할 때 필요한 기초 음악 이론은 제1장을 참고하여 Break Time을 보고 학습하도록 한다.

07 조옮김의 문제는 한층 더 높은 수준을 원할 때 활용하면 좋다.

Original Key는 C Key에 비해 시창 · 청음하기 어렵지만 수준에 따라서 Original Key로 시창 · 청음해도 무관하다. 하지만 초보자의 경우 먼저 60곡 모두 시창 · 청음 한 후 다시 처음으로 돌아가 Original Key를 시창 · 청음한다면 2배의 학습효과를 기대할 수 있다.

08 예제는 모두 원곡 멜로디에 충실하게 편곡하였지만 초보자를 위하여 부득이하게 당김음 대신음을 채워 넣어서 원곡과 다를 수 있다. 따라서 꼭 첨부한 CD로 학습하는 것을 권장한다.

09 Chapter를 15장으로 구성하여 대학교재로 사용할 경우 지도자는 대학 강의 15주차에 맞춰서 단계별로 학습을 진행할 수 있다.

실용 시창·청음을 위한 기초 음악이론

01 악보를 보기 위한 기초악전

아래의 내용은 쉽지만 헷갈리기 쉬운 내용으로 한번 정리해보자.

(1) 오선과 덧줄

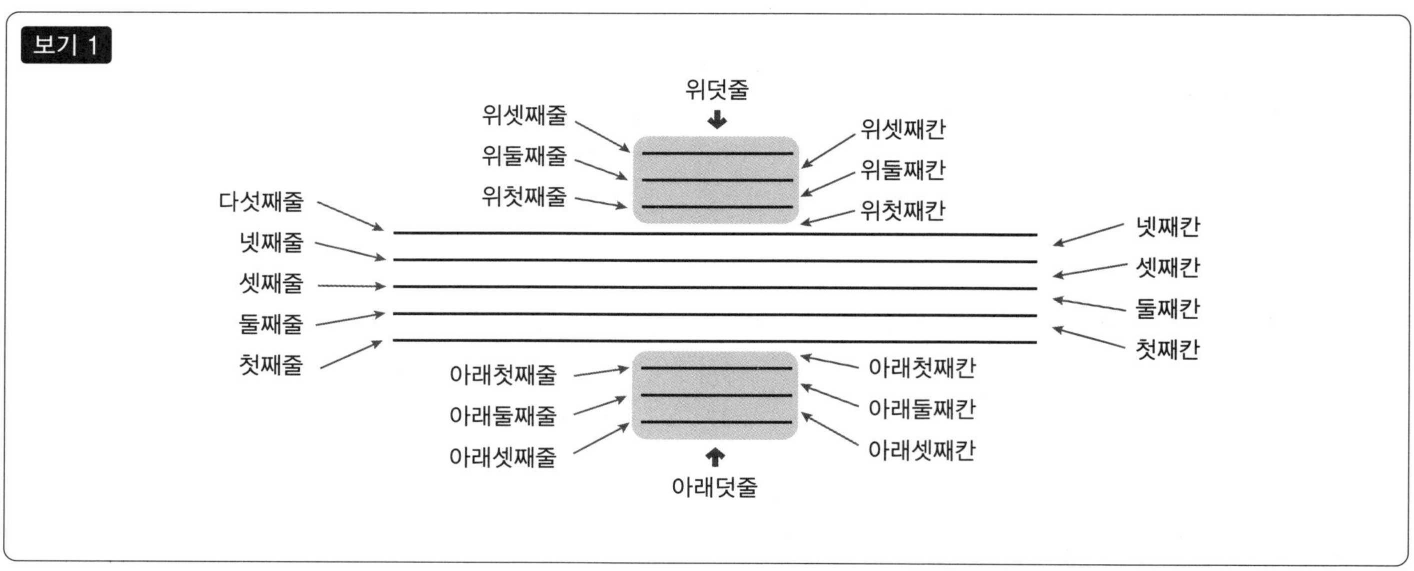

(2) 음표와 쉼표

① 음표의 명칭

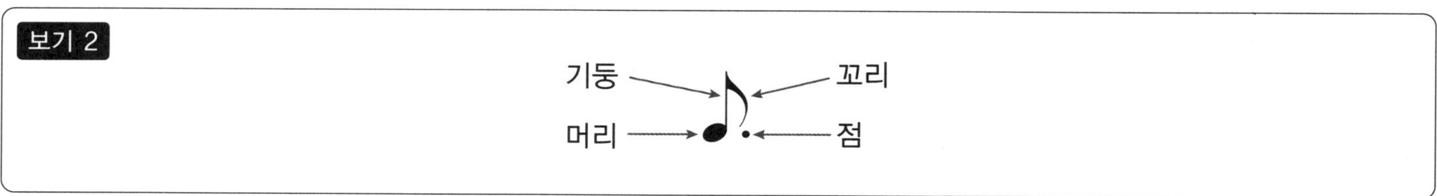

② 음표의 기입

- 기둥은 위에서 아래로 그린다.
- 기둥의 길이는 오선의 세 칸 정도이다.
- 오선의 셋째줄을 기준으로 셋째줄보다 낮은 A(라)음까지는 기둥을 위로, B(시)음부터는 기둥을 아래로 긋는다.
- 기둥을 위로 그릴 때는 머리 오른쪽에 그리고 기둥을 아래로 그릴 때는 머리 왼쪽에 그린다.

• 꼬리가 있는 음표끼리 연결해서 그려도 되며, 기둥의 방향은 오선의 셋째줄을 기준으로 많이 몰려있는 방향으로 정한다.

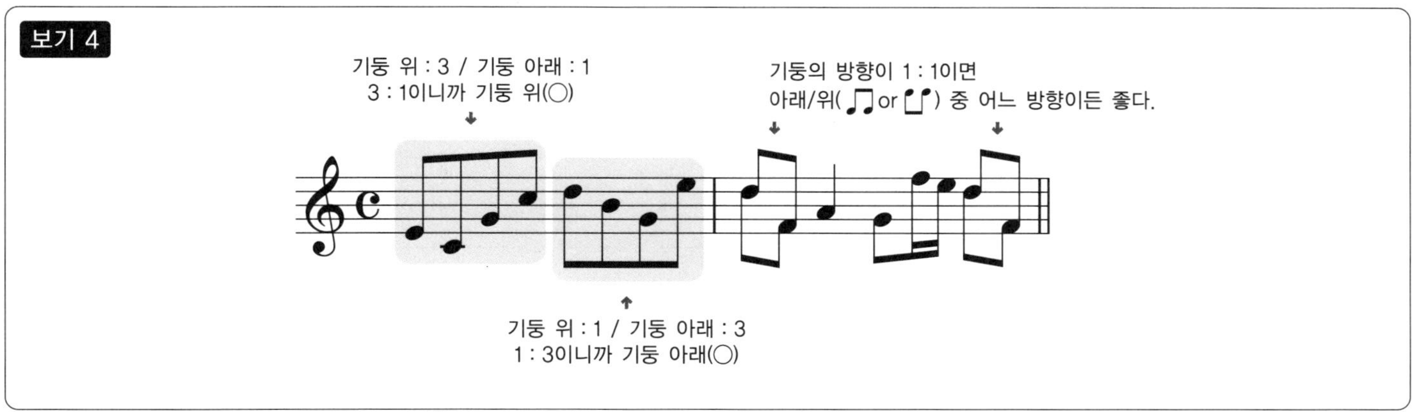

• 2성부인 경우 윗성부는 모두 기둥을 위로, 아랫성부는 모두 기둥을 아래로 그린다.

• 점을 그릴 때는 머리가 줄에 있으면 점을 선 위에 그리고 칸에 있으면 같은 칸에 그린다.

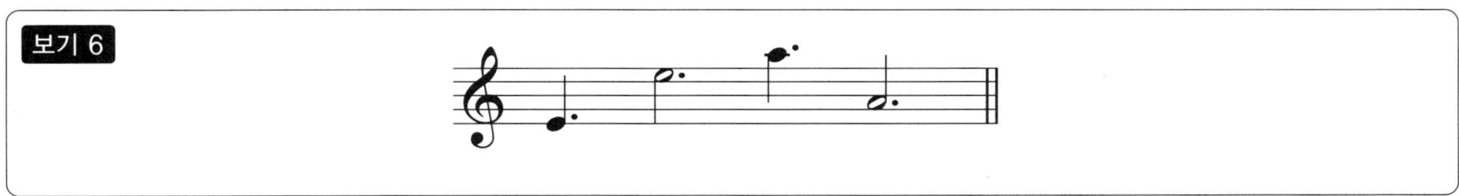

(3) 쉼표의 기입

• 한 마디를 전부 쉴 때는 박자와 관계없이 온쉼표(▬)를 사용한다.

BREAK TIME ●●●

▬ (4박, 온쉼표)와 ▬ (2박, 2분쉼표) 구별법

위 2개의 쉼표는 혼동하기 쉬운데, 사람은 누구나 윗니가 크고 아랫니가 작은 것을 상기하여 윗니는 4박 온쉼표(▬)로, 아랫니는 2박, 2분쉼표(▬)로 기억하면 쉽다.

(4) 음표와 쉼표의 종류

① 민음표와 민쉼표

- 민음표 : 온음표를 기준으로 계속 둘로 나누어지는 음표
- 민쉼표 : 온쉼표를 기준으로 계속 둘로 나누어지는 쉼표

음표(민음표)	음표의 비율	쉼표(민쉼표)	쉼표의 비율
𝅝 온음표	𝅝 = 𝅗𝅥 + 𝅗𝅥	온쉼표	= +
𝅗𝅥 2분음표	𝅗𝅥 = ♩ + ♩	2분쉼표	= 𝄽 + 𝄽
♩ 4분음표	♩ = ♪ + ♪	𝄽 4분쉼표	𝄽 = 𝄾 + 𝄾
♪ 8분음표	♪ = ♬ + ♬	𝄾 8분쉼표	𝄾 = 𝄿 + 𝄿
♬ 16분음표	♬ = +	𝄿 16분쉼표	𝄿 = +
32분음표	= +	32분쉼표	= +
64분음표	= +	64분쉼표	= +
↑ 128분음표		↑ 128분쉼표	

② 점음표와 점쉼표

- 민음표와 민쉼표의 머리 오른쪽에 점을 찍은 것을 말하며 점은 앞의 음표의 $\frac{1}{2}$박이다.

음표(점음표)	음표의 비율	쉼표(점쉼표)	쉼표의 비율
𝅝. 점온음표	𝅝 + 𝅗𝅥	점온쉼표	+
𝅗𝅥. 점2분음표	𝅗𝅥 + ♩	점2분쉼표	+ 𝄽
♩. 점4분음표	♩ + ♪	𝄽. 점4분쉼표	𝄽 + 𝄾
♪. 점8분음표	♪ + ♬	𝄾. 점8분쉼표	𝄾 + 𝄿
♬. 점16분음표	♬ +	𝄿. 점16분쉼표	+
점32분음표	+	점32분쉼표	+
점64분음표	+	점64분쉼표	+

※ ♩. = 𝅗𝅥 + ·

(점2분음표, 3박)　　(2분음표, 2박) (음표의 $\frac{1}{2}$박인 ♩, 4분음표, 1박)

③ 겹점음표와 겹점쉼표

• 점음표와 점쉼표의 머리 오른쪽에 점을 찍은 것을 말하며 점은 앞의 점의 $\frac{1}{2}$박이다.

겹점음표	음표의 비율	겹점쉼표	쉼표의 비율
o˙˙ 겹점온음표	o + ♩ + ♪	겹점온쉼표	
♩˙˙ 겹점2분음표	♩ + ♩ + ♪	겹점2분쉼표	
♩˙˙ 겹점4분음표	♩ + ♪ + ♪	겹점4분쉼표	
♪˙˙ 겹점8분음표	♪ + ♪ + ♪	겹점8분쉼표	
♪˙˙ 겹점16분음표	♪ + ♪ + ♪	겹점16분쉼표	
♪˙˙ 겹점32분음표	♪ + ♪ + ♪	겹점32분쉼표	

※ ♩˙˙ = ♩ + · + ·
(겹점2분음표, 3박 반)　　(2분음표, 2박)　(음표의 $\frac{1}{2}$박인 ♩, 4분음표)(음표의 $\frac{1}{2}$박인 ♪, 8분음표)

④ 잇단음표

• 잇단음표는 민음표 잇단음표와 점음표 잇단음표가 있지만 점음표 잇단음표는 보통 시창·청음 문제에는 자주 사용되지 않으므로 주로 사용하는 민음표 잇단음표만 소개한다.

음표	셋잇단음표	다섯잇단음표	여섯잇단음표	일곱잇단음표	아홉잇단음표
o	3	5	6	7	9
♩	3	5	6	7	9
♩	3	5	6	7	9
♪	3	5	6	7	9

(5) 음자리표

① 높은음자리표

• 높은 악기나 노래에 사용하며 가장 일반적으로 사용하는 음자리표이다.

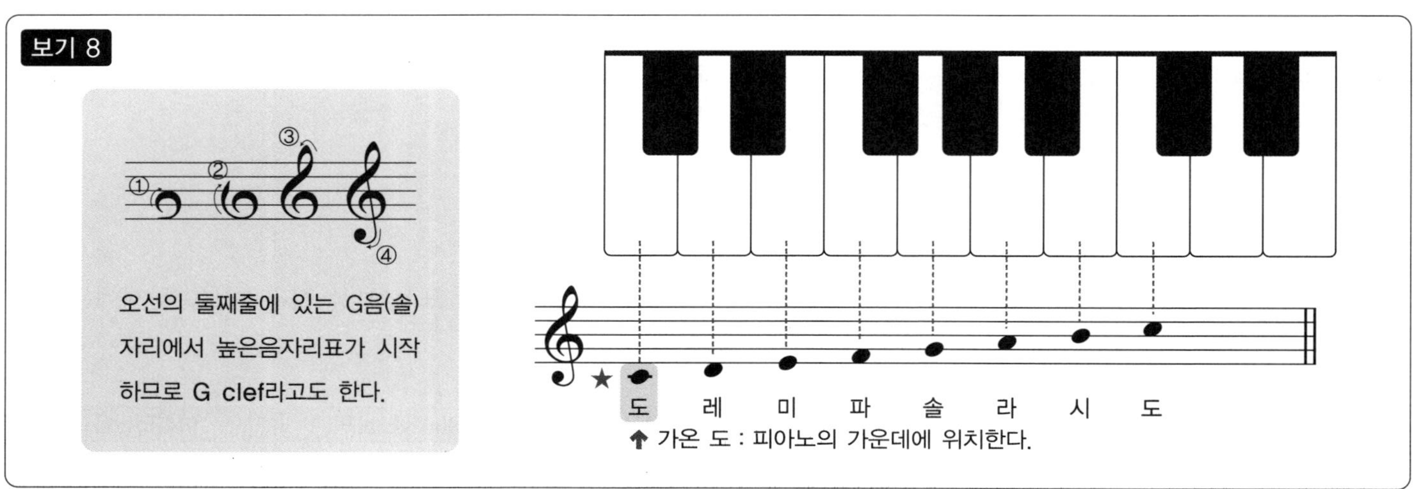

② 낮은음자리표

• 낮은 음역의 악기나 노래에 사용하며 대표적인 악기로는 베이스(Bass), 첼로(Cello) 등이 있다.

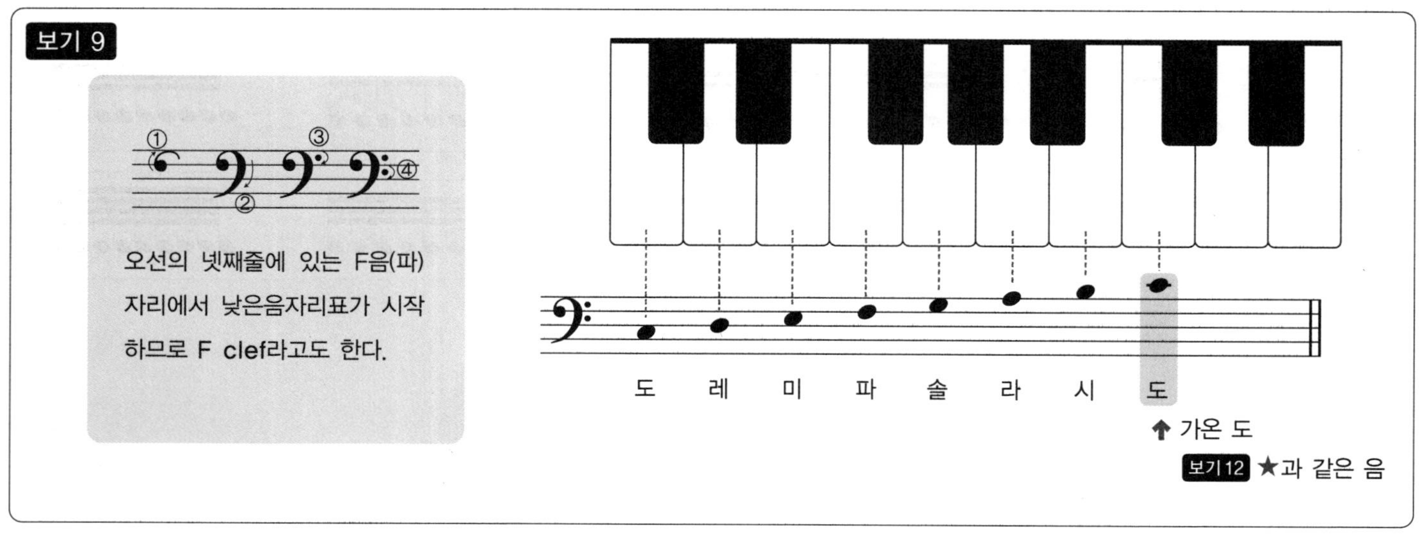

③ 가온음자리표

• 이 기호의 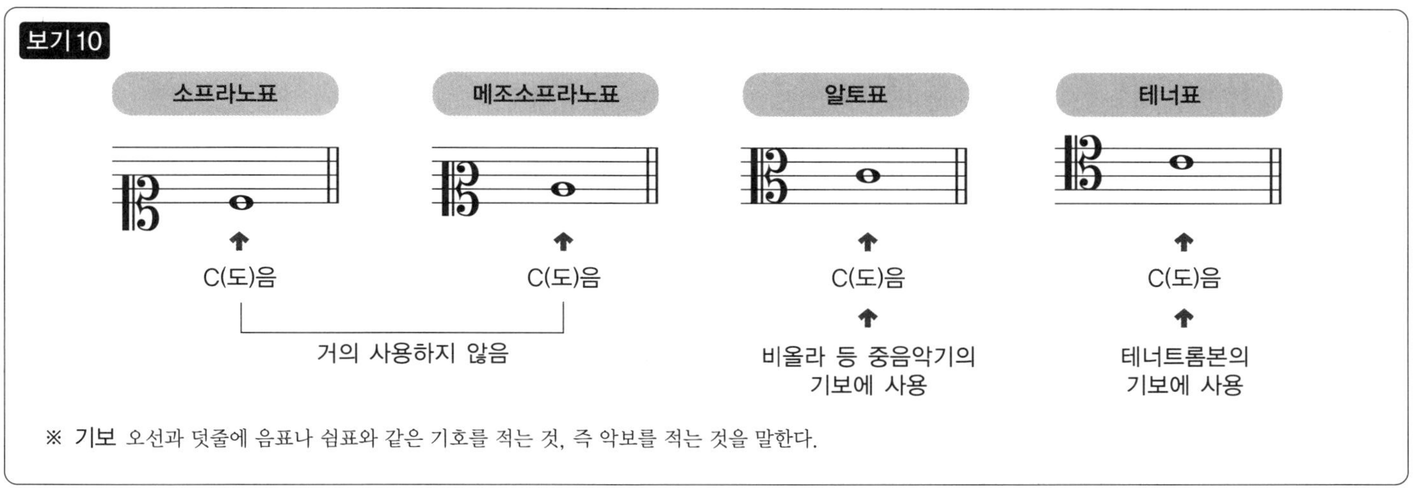 부분이 C음을 가르키기 때문에 **C clef** 라고도 하며 그 종류는 네 가지가 있지만 주로 알토표와 테너표만 사용한다.

보기10

※ **기보** 오선과 덧줄에 음표나 쉼표와 같은 기호를 적는 것, 즉 악보를 적는 것을 말한다.

(6) 세로줄(Bar)과 마디(Measure)의 이해

① 세로줄 : 박자를 구분하기 위해 세로로 그린 줄

보기11

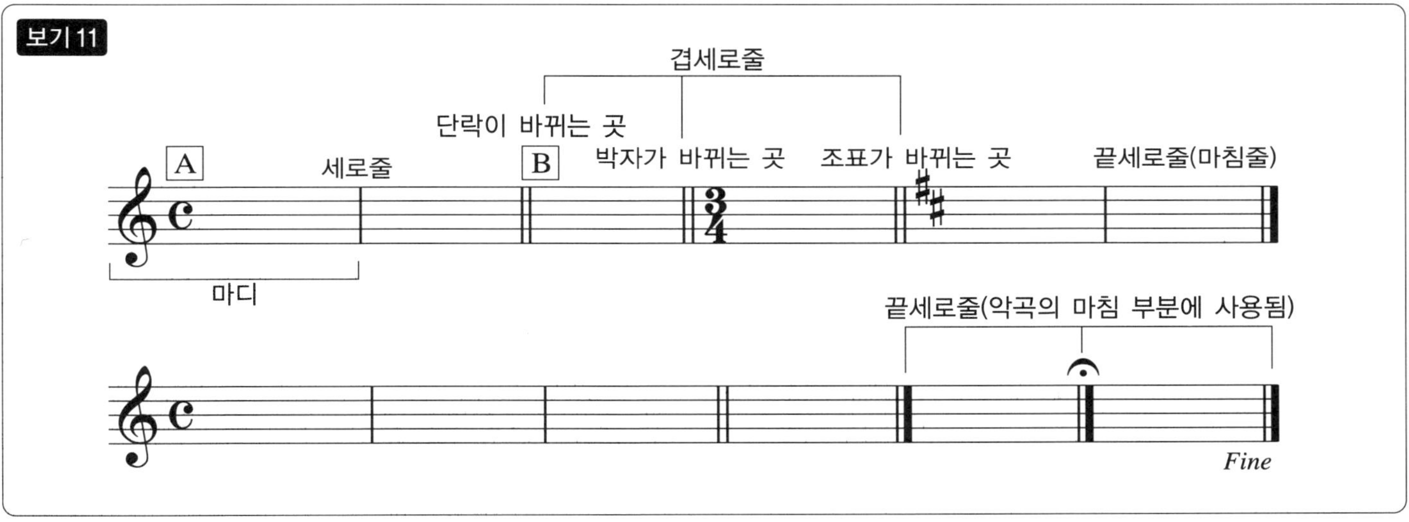

② 겹세로줄 : 세로줄을 같은 굵기로 두 번 그은 줄로 박자나 조표가 바뀔 때, 또는 기호는 같기만 음악적으로 단락이 나뉠 때 사용한다.

③ 끝세로줄(=마침줄) : 악곡의 끝 부분 등에 왼쪽 세로줄은 가늘게, 오른쪽 세로줄은 굵게 그어서 만든 줄이다. 끝세로줄 위에 페르마타(⌢, Fermata), 또는 아래에 *Fine*(피네)를 써서 곡의 마침을 나타낸다.

BREAK TIME •••

• *Fine*(피네)는 악곡의 끝을 나타내는 이탈리아어로, Fine(파인)이라고 읽지 않는다.

(7) 박자표

<u>분자</u> ➡ 한 마디 안에 들어있는 분모 음표의 개수
분모 ➡ 한 마디 안에서 기본이 되는 음표의 종류

보기12

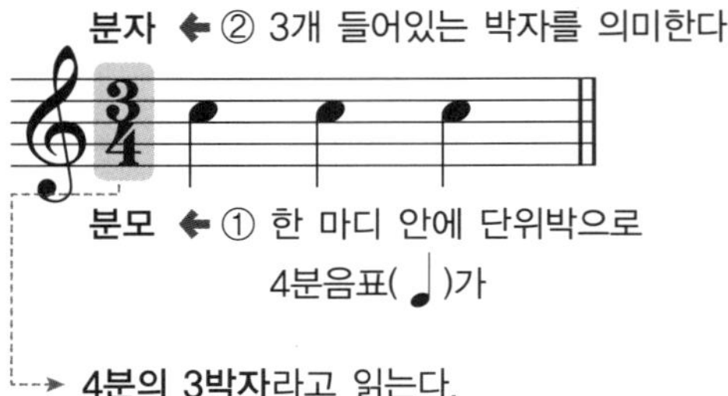

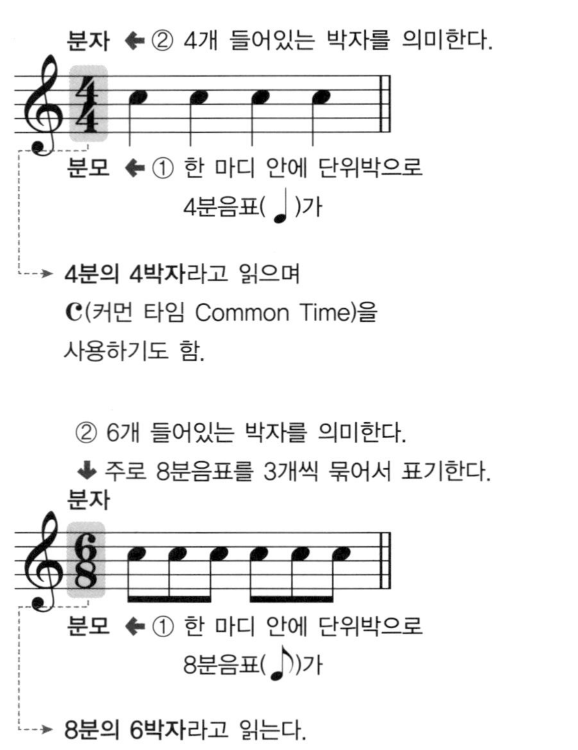

※ 단위박 그 박자에서 1박으로 따지는 단위

BREAK TIME ●●●

· ¾ 박자와 ⅞ 박자의 구별법

예를 들어 ¾ 박자는 한 마디 안에 4분음표가 3개 들어있다는 뜻이지만 4분음표만 3개 들어있다는 것이 아니라, 8분음표 6개 또는 4분음표 2개 + 8분음표 2개 등 음표나 쉼표의 합이 4분음표 3개와 같으면 된다. 기둥을 묶을 때는 다음과 같다.

①, ②번 모두 ♪(8분음표,반박)가 6개 들어있고 모두 더하면 ♩.(점2분음표, 3박)가 되므로 같은 박처럼 보인다.

①  ¾ 박자는 한 마디안에 단위박인 4분음표(♩, 1박)가 3개 들어있다는 뜻이므로 ♪의 꼬리를 붙여서 그릴 때 단위박인 '♩'에 맞춰 ♪를 2개씩 묶어서 그려야 한다.

②  ⅞ 박자는 ♪의 꼬리를 3개씩 (♪♪♪)묶어서 기보해야 한다.

02 음정(Interval)의 정의

두 개의 음과 음 사이의 거리를 말한다.

03 음정연습의 필요성

시창·청음을 잘 하려면 우선 음정을 잘 이해해야 한다. 시창은 초견으로 악보를 읽는 것이고, 청음은 연주하는
과 리듬, 하모니를 악보로 기보하는 것으로 음정에 대해 정확히 이해한다면 직접 피아노로 멜로디를 쳐 보지 않
고도 시창·청음을 할 수 있다.

04 음정의 종류

① 완전음정(Perfect Interval)＝P

② 장음정(Major Interval)＝M

③ 단음정(minor Interval)＝m

④ 증음정(Augmented Interval)＝aug

⑤ 감음정(Diminished Interval)＝dim

⑥ 그 외

- 겹증음정(Double Augmented Interval) : 증음정 + 반음 증가
- 겹감음정(Double Diminished Interval) : 감음정 + 반음 감소

05 음정의 상호관계

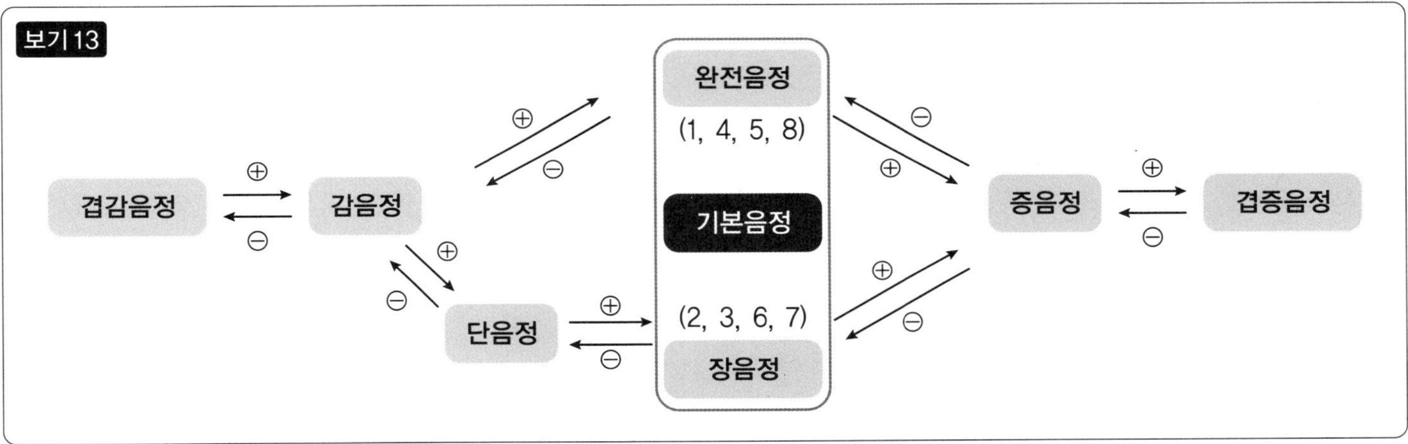

Tip ●●●

- 완전음정(1, 4, 5, 8)과 장음정(2, 3, 6, 7)은 쓰일 수 있는 도수가 원래 정해져 있으므로 서로 상호연관성이 없으며 완전음정에서 반음
감소하면 **감음정**, 장음정에서 반음이 감소하면 **단음정**이며, 완전음정에서 반음 증가하면 **증음정**, 장음정에서 반음 증가하면 **증음정**이
된다.

06 완전음정과 장음정 연습

C Major scale(C장조)의 음계인 도·레·미·파·솔·라·시·도를 차례대로 천천히 불러보자. 각각의 계이름을 정확한 음정 간격으로 부를 수 있다면 연습을 통해 누구나 시창·청음을 잘할 수 있다.

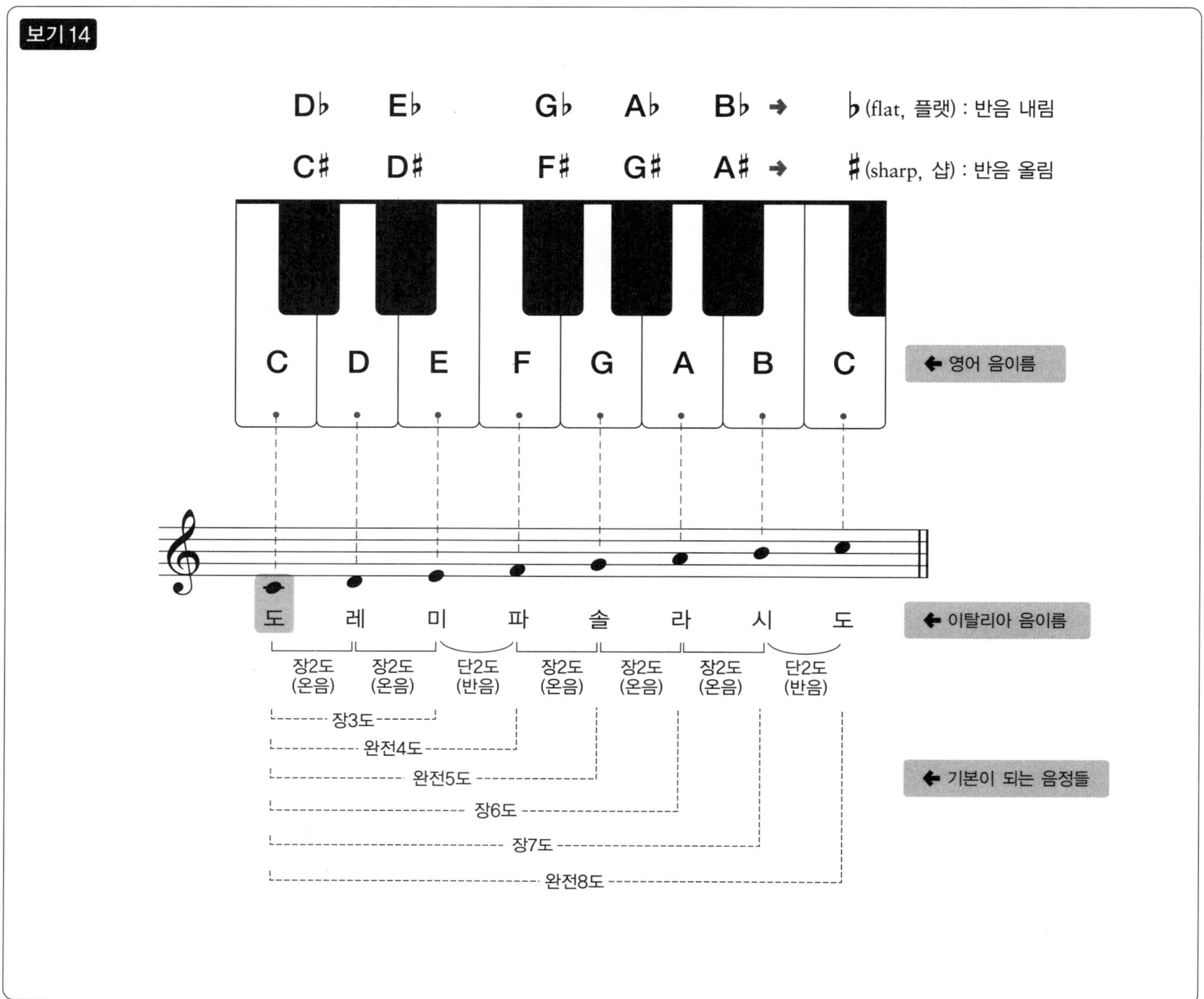

① 완전1도 — '도' 와 '도'
➡ 완전1도, 또는 unison(유니즌) 음정을 분석할 때는 P1(Perfect 1st)라고 쓴다.

② 장2도 — '도' 와 '레'
➡ 장2도(Major 2nd) = M2

③ 장3도 — '도' 와 '미'
➡ 장3도(Major 3rd) = M3

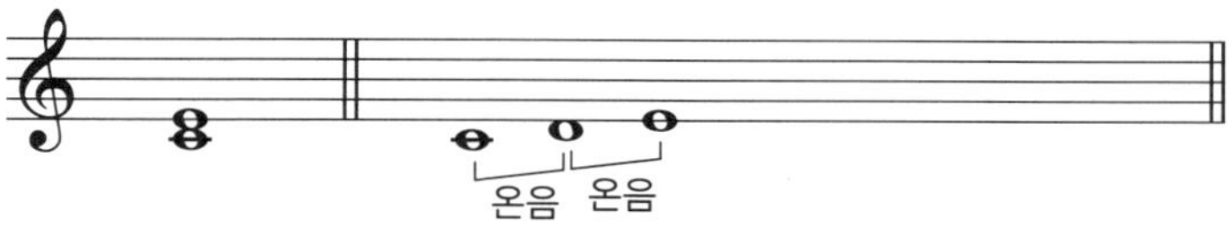

④ 완전4도 — '도' 와 '파'
➡ 완전4도(Perfect 4th) = P4

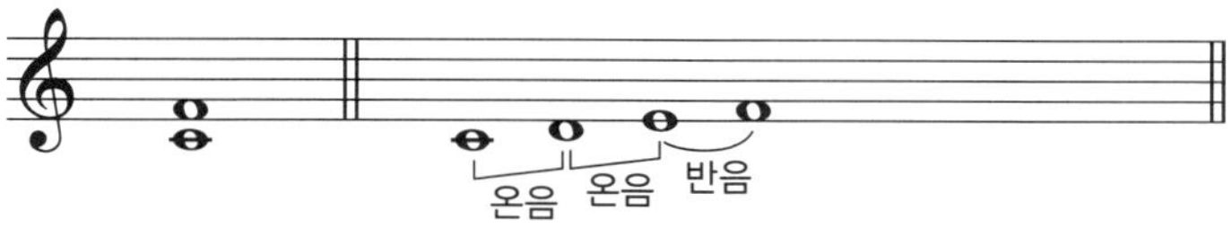

⑤ 완전5도 — '도' 와 '솔'
➡ 완전5도(Perfect 5th) = P5

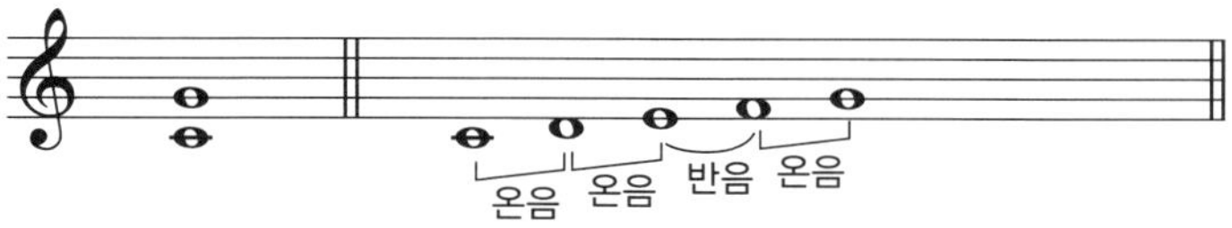

⑥ 장6도 — '도' 와 '라'
➡ 장6도(Major 6th) = M6

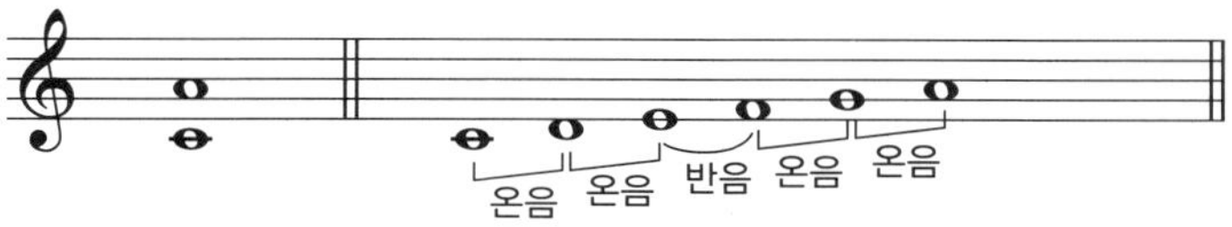

⑦ 장7도 — '도' 와 '시'
➡ 장7도(Major 7th) = M7

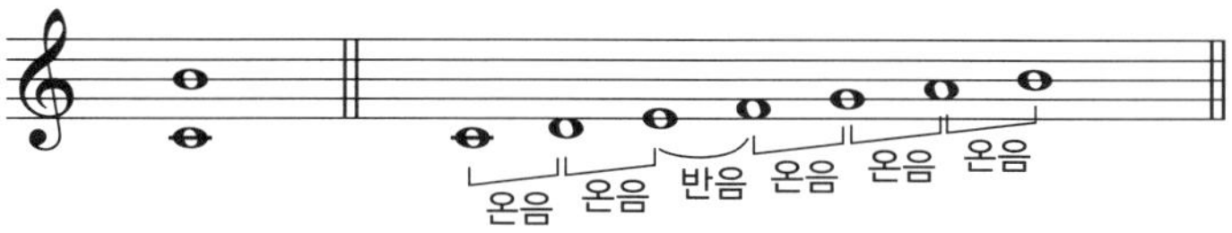

⑧ 완전8도 — '도' 와 '도'
➡ 완전8도(Perfect 8th) = P8 또는
옥타브(Octave),
온음 5개 + 반음 2개

▌BREAK TIME •••

• 이 멜로디의 음정의 종류와 도수는?

① 보기 15 에서 보면 6도는 기본이 장음정이고 반음이 1개 있다.
② '레~시' 사이에는 반음이 1개 있으므로(미~파) 이 멜로디의 음정은 장6도이다.
③ 멜로디의 음정을 따질 때는 항상 보기 15 의 C Major scale의 '도' 음에서부터 시작하는 각각의 음정
의 예를 기억하면서 반음의 개수를 따지면 음정을 이해하기 쉽다.

07 단음정, 증음정, 감음정 연습

완전음정, 장음정과 마찬가지로 C Major scale의 으뜸음인 '도'에서부터 음정을 이해하고 충분히 연습한다.

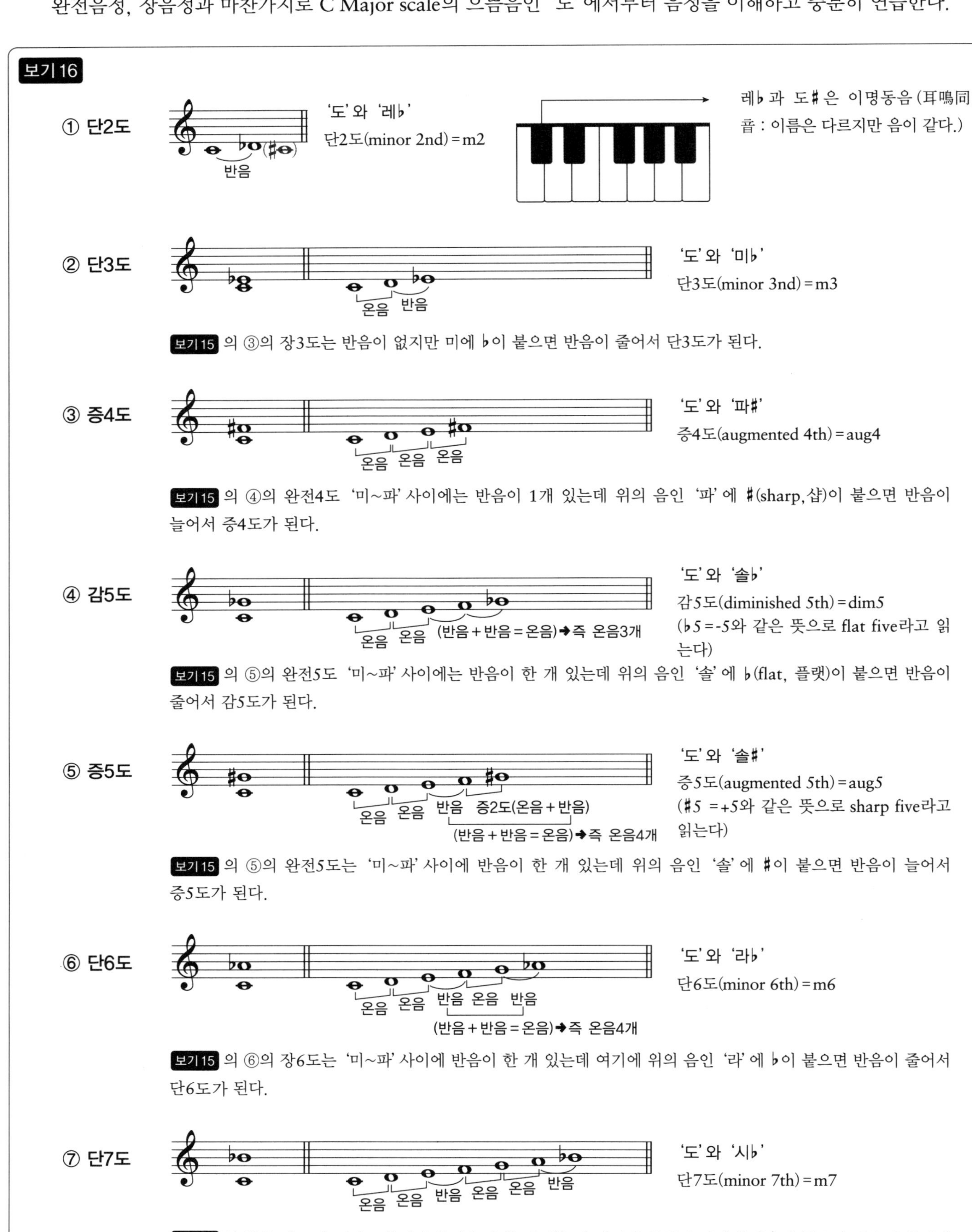

보기 15 의 ③의 장3도는 반음이 없지만 미에 ♭이 붙으면 반음이 줄어서 단3도가 된다.

보기 15 의 ④의 완전4도 '미~파' 사이에는 반음이 1개 있는데 위의 음인 '파'에 ♯(sharp, 샵)이 붙으면 반음이 늘어서 증4도가 된다.

보기 15 의 ⑤의 완전5도 '미~파' 사이에는 반음이 한 개 있는데 위의 음인 '솔'에 ♭(flat, 플랫)이 붙으면 반음이 줄어서 감5도가 된다.

보기 15 의 ⑤의 완전5도는 '미~파' 사이에 반음이 한 개 있는데 위의 음인 '솔'에 ♯이 붙으면 반음이 늘어서 증5도가 된다.

보기 15 의 ⑥의 장6도는 '미~파' 사이에 반음이 한 개 있는데 여기에 위의 음인 '라'에 ♭이 붙으면 반음이 줄어서 단6도가 된다.

보기 15 의 ⑦의 장7도는 '미~파' 사이에 반음이 한 개 있는데 여기에 위의 음인 '시'에 ♭이 붙으면 반음이 줄어서 단7도가 된다.

• 위 보기16 의 ③번 증4도는 ④번의 감5도와 이명동음의 음
정, ⑤번 증5도는 ⑥번의 단6도와 이명동음의 음정이다.

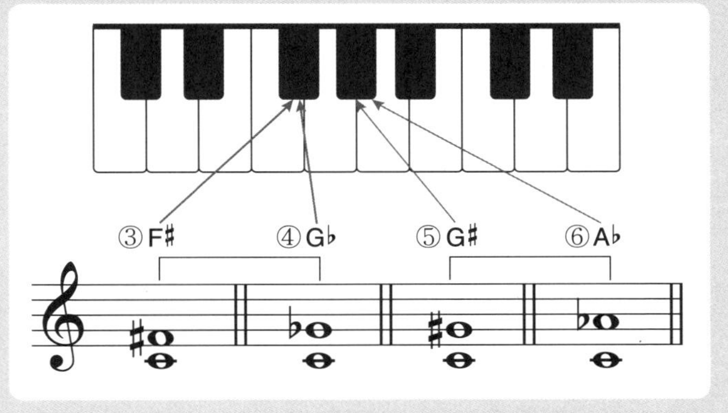

※빈칸을 채우세요.

① 완전음정(Perfect Interval) =

② 장음정(Major Interval) =

③ 단음정(minor Interval) =

④ 증음정(Augmented Interval) =

⑤ 감음정(Diminished Interval) =

⑥ 겹증음정(Double Augmented Interval) : 증음정 +

⑦ 겹감음정(Double Diminished Interval) : 감음정 +

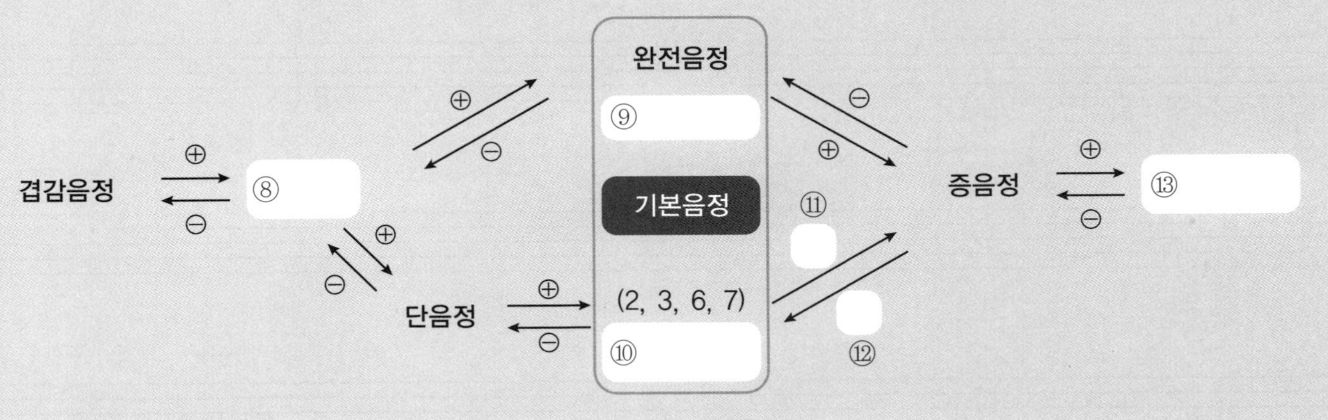

당김음(싱커페이션/Syncopation)이란?

시창·청음의 실력을 월등히 향상시키기 위해서는 당김음의 리듬을 많이 연습하여야 한다.

여린박의 음과 음높이가 같은 센 박의 음이 붙임줄(Tie)로 이어졌을 때, 또는 센 박에 쉼표가 붙거나 여린박에 악센트(>)가 붙었을 때 이를 당김음이라 하며 특히 재즈나 대중음악에 많이 사용된다.

제2장은 멜로디는 단순하면서도 8분음표에 연결된 당김음이 나오는 팝송들이 예제곡이다.

당김음을 어렵다고 생각하는 학습자들이 많지만, 당김음 리듬을 한 패턴씩 15장까지 연습하다보면 정해진 틀 안에서 움직이는 것을 알 수 있다. 한 마디로 말해서 학습하면 누구나 할 수 있다는 것이다.

이 책을 열심히 학습한 후에는 반드시 시창·청음의 리듬 실력이 향상되어 있음을 느끼게 될 것이다.

· 붙임줄에 의한 당김음

· 쉼표에 의한 당김음

↑ 첫 박이 쉼표로 약박에 강세가 있다.

Love me tender

Original Key G / 5~12마디

Date. ______________

01 음정분석과 시창 · 청음

안에 음정을 분석하자.

Song by Eivis Presley

02 리듬연습

미(E)음으로 리듬을 그려보자.

03 G Key로 조옮김하기

Original Key로 조옮김 하자. (솔(G)이 으뜸음(도)이다.)

(1) 주요 리듬 : ♪♩. = ♫♩

(2) 당김음이 많이 나오지만 멜로디가 단순하기 때문에 쉽게 익힐수 있다.

(3) 청음 시 6마디 ♪(8분쉼표)를 놓치지 않도록 주의하자.

(4) 어려운 리듬 따라잡기 : 천천히 박자를 따져가며 3번씩 따라 그려보기

Killing me softly with his song

Original Key Am / 1~8마디

Date. ______________

01 음정분석과 시창 · 청음

Song by Roberta Flack

★ 쉼표주의

02 리듬연습

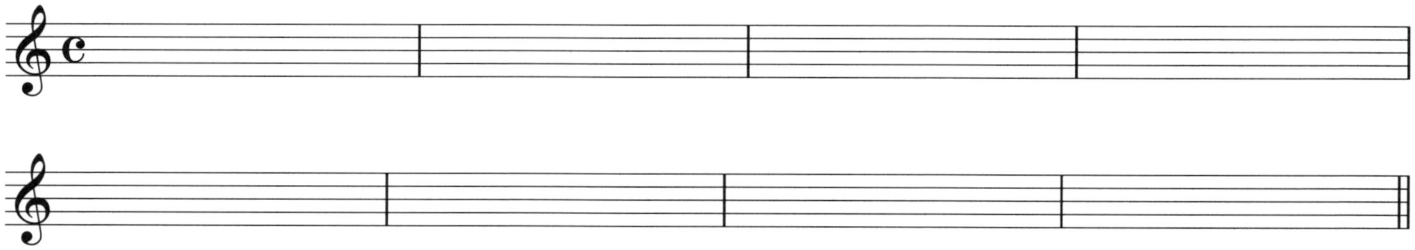

• 어려운 리듬 따라잡기(천천히 박자를 따져가며 3번씩 따라 그려보기)

▌BREAK TIME ●●●

• 나란한조와 같은으뜸음조를 쉽게 이해해보자.

(1) 나란한조 : 같은 대문(같은 조표)을 쓰는 주인(으뜸음 C(도) : Major)과 계단 3개(단3도) 아래 사는 세입자(으뜸음 A(라), 아래층이
    니까 minor)와의 관계

주인집 Aь Major
세입자 F minor ｝ 같은 대문(4개)를 사용하며 세입자 F minor는 주인집 Aь Major에서 계단 3개(단3도) 아래 산다.

(2) 같은으뜸음조 : 말 그대로 으뜸음이 같은 조
    예 C ➡ Cm, A ➡ Am

| Antonio's song   Original Key Am / 1~8마디

01 음정분석과 시창·청음

Date. ________________

Song by Michael Franks

02 리듬연습

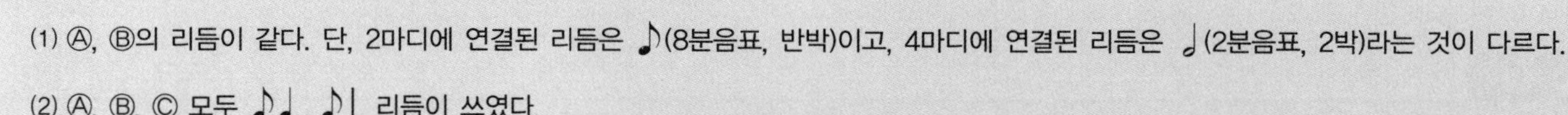

Tip ●●●

(1) Ⓐ, Ⓑ의 리듬이 같다. 단, 2마디에 연결된 리듬은 ♪(8분음표, 반박)이고, 4마디에 연결된 리듬은 ♩(2분음표, 2박)라는 것이 다르다.

(2) Ⓐ, Ⓑ, Ⓒ 모두 ♪♩ ♪| 리듬이 쓰였다.

(3) 어려운 리듬 따라잡기

Yesterday once more Original Key C / 9~16마디

Date. ___________

01 음정분석과 시창·청음

Song by Carpenters

02 리듬연습

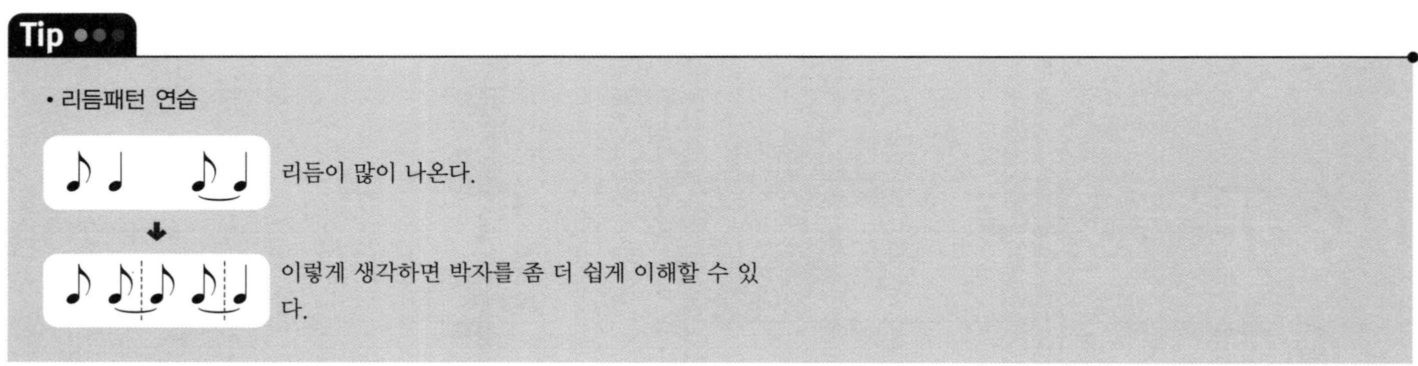

| BREAK TIME ●●●

· KBS 프로그램 〈TV는 사랑을 싣고〉에서 친구들이나 추억의 장면이 나올 때 사용한 음악이기도 하다.

| Emotions   Original Key C / 1~8마디

Date. ___________

01 음정분석과 시창·청음

Song by Mariah Carey

02 리듬연습

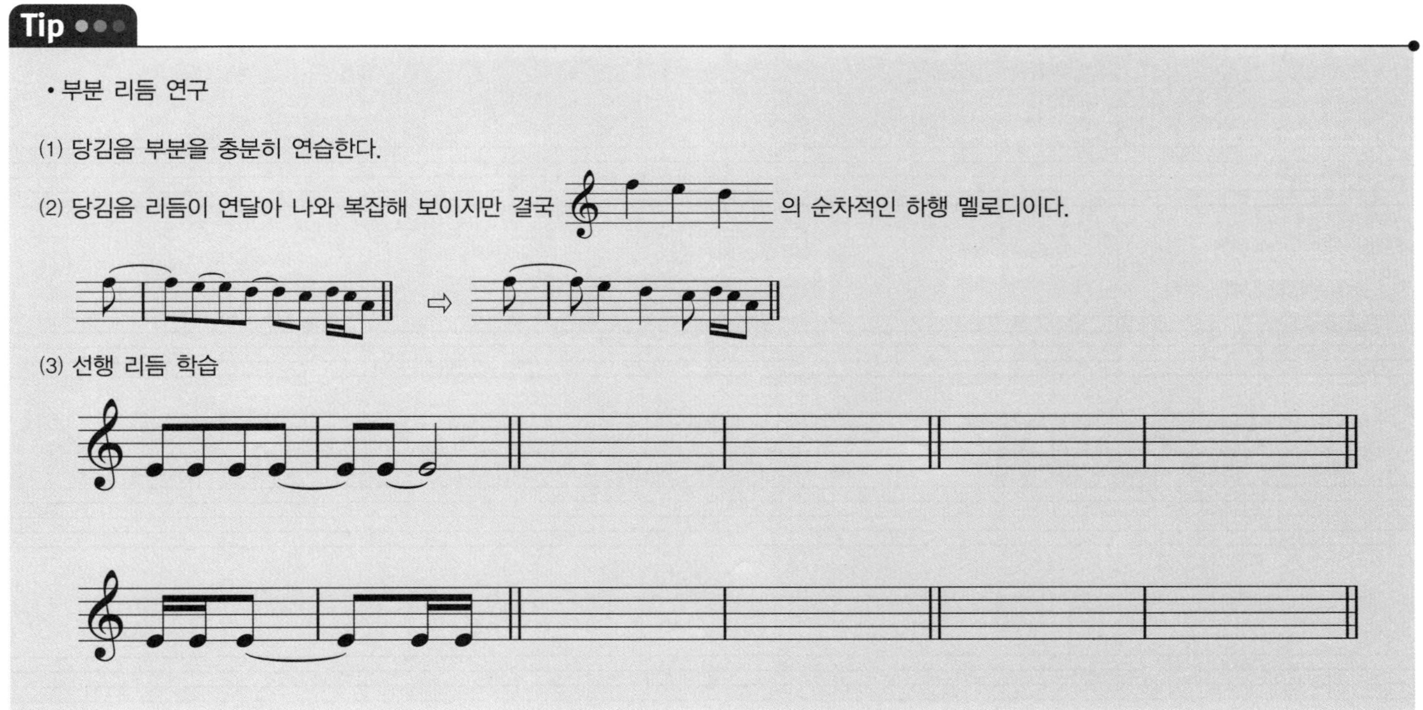

Tip ●●●

• 부분 리듬 연구

(1) 당김음 부분을 충분히 연습한다.

(2) 당김음 리듬이 연달아 나와 복잡해 보이지만 결국   의 순차적인 하행 멜로디이다.

(3) 선행 리듬 학습

CD Track 06

| Hey Jude   Original Key F / 1~8마디

Date. _______________

01 음정분석과 시창 · 청음

Song by Beatles

02 리듬연습

03 F Key로 조옮김하기   파를 으뜸음(도)으로 하며, 조표로 ♭(플랫)이 하나 있다.

Tip ●●●

(1) 당김음도 많이 나오지만 4~5마디에는 16분음표가 나오는 빠른 패시지를 시창 · 청음할 때 놓치지 않도록 충분히 연습한다.

(2) 부분 리듬 연습

Knife
Original Key Cm / 16~23마디

Date. _______________

01 음정분석과 시창 · 청음

Song by Rockwell

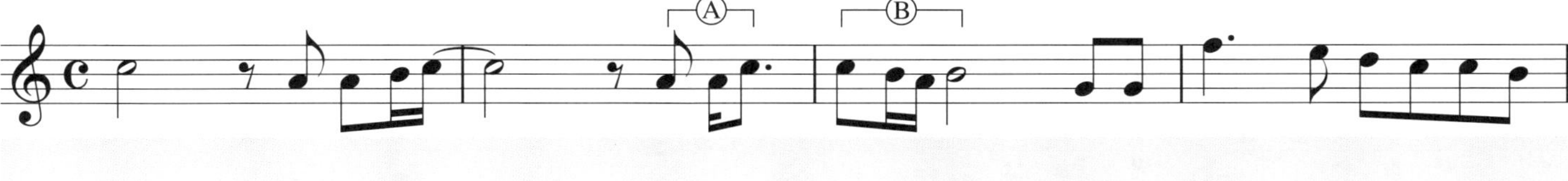
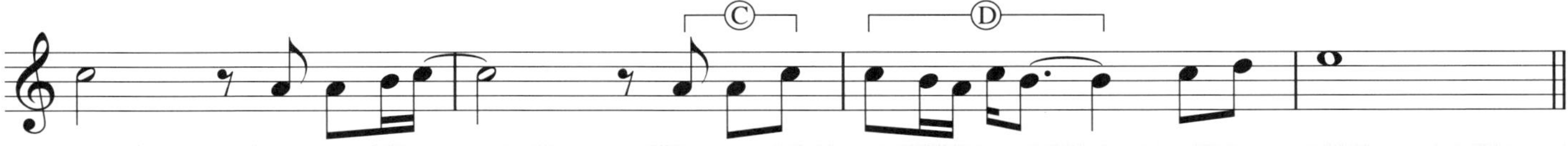

02 리듬연습

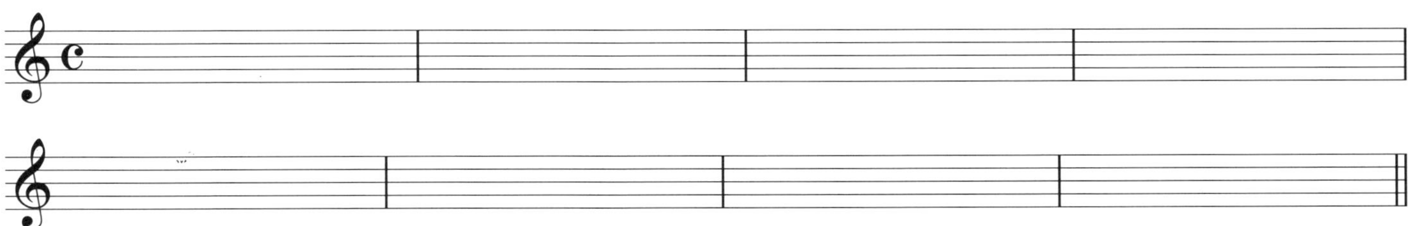

03 Cm Key로 조옮김하기 (E♭ Major의 나란한조)

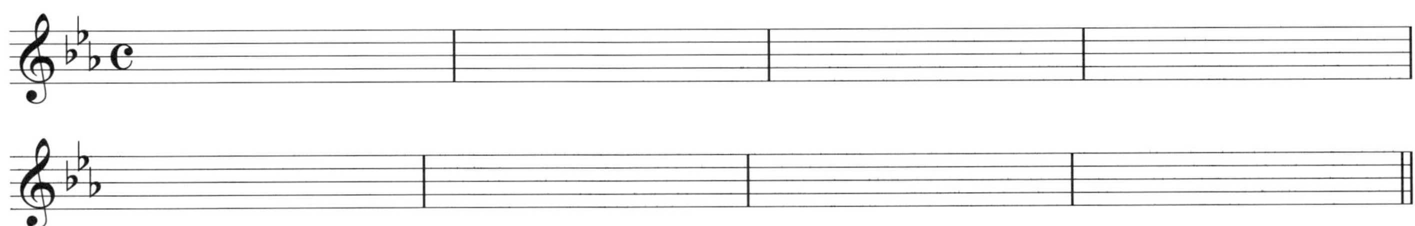

(1) 1~4마디와 5~8마디는 유사한 진행이며 16분음표(♪)가 붙임줄로 마디를 연결하고 있기 때문에 주의해야 한다.

(2) ♪ ♫♩│♩ 리듬을 충분히 연습한다.

(3) Ⓐ와 ©는 음정이 같지만 Ⓐ는 앞이 짧은 ♫. 리듬이므로 주의해야 한다.

(4) Ⓑ와 Ⓓ는 유사하지만 Ⓓ의 ♫ 리듬을 주의해야 한다.

BREAK TIME ●●●

• Cm Key는 단조로 시작하며 으뜸음은 계이름 라이다. 그러므로 조표는 계이름 라에서 단3도 올린 음, 즉 같은 조표를 쓰는 나란한 조인 E♭ Major scale의 조표를 알면 된다.

• ♭이 붙은 조의 으뜸음 찾는 방법 (♭붙는 순서 : 시·미·라·레·솔·도·파)

　♭(플랫, flat)이 붙는 조는 마지막에 붙은 ♭의 바로 앞의 ♭음이 으뜸음이다. 즉 E♭(미♭)이 으뜸음일 때는 ♭이 3개 붙는다.

Love of my life

Original Key B / 1~8마디, 31~38마디

01 음정분석과 시창 · 청음

Date. ___________

① 1~8마디

Song by Queen

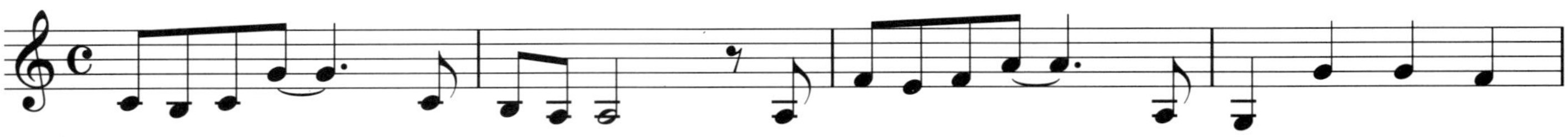

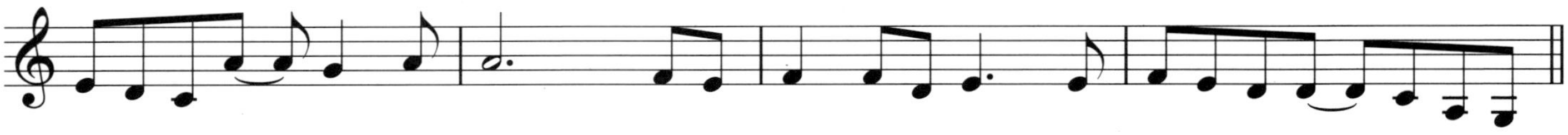

② 31~38마디

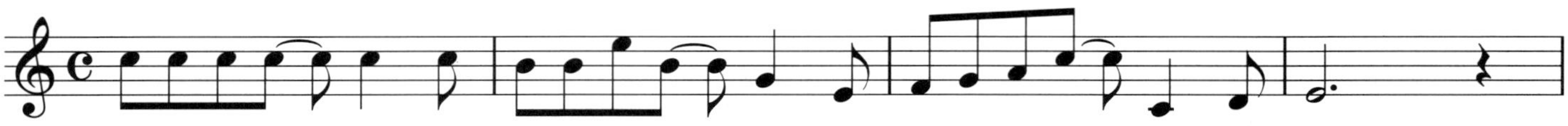

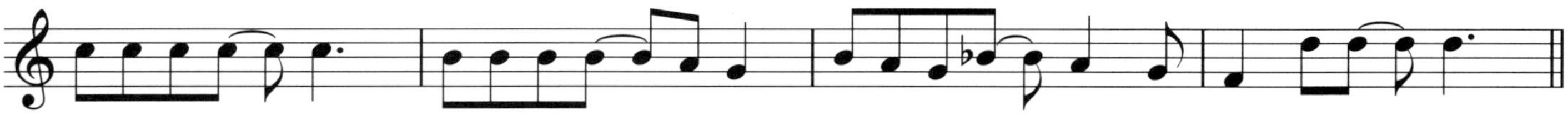

02 리듬연습

① 1~8마디

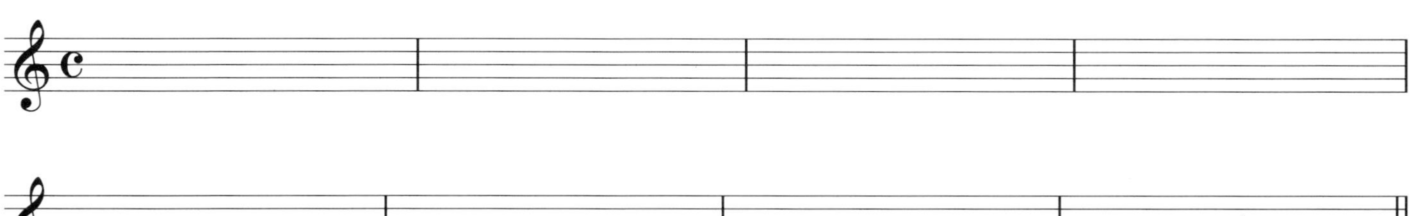

② 31~38마디

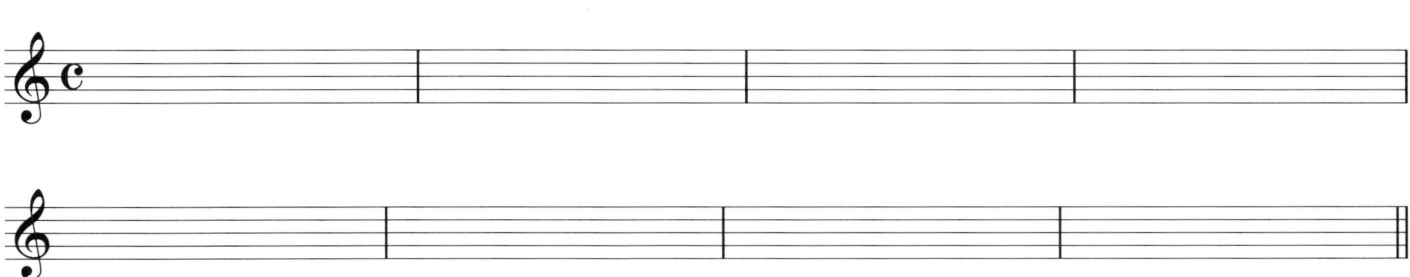

03 B Key로 조옮김하기 (38p Tip 참조)

① 1~8마디

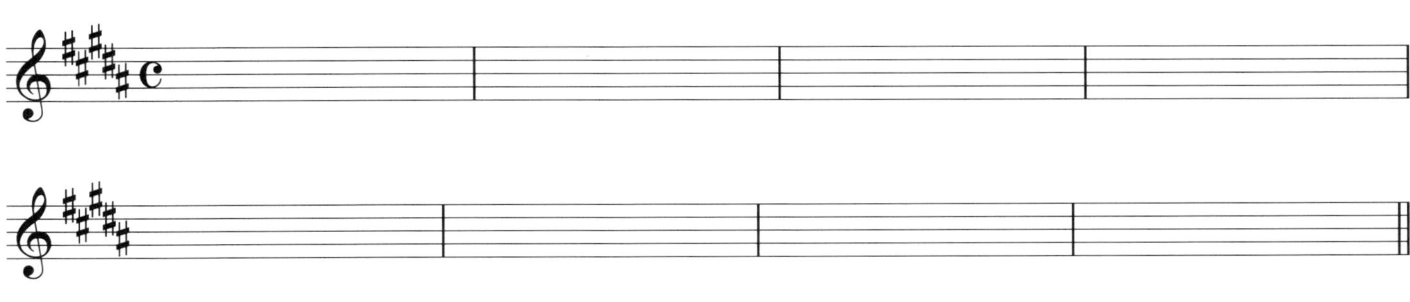

② 31~38마디

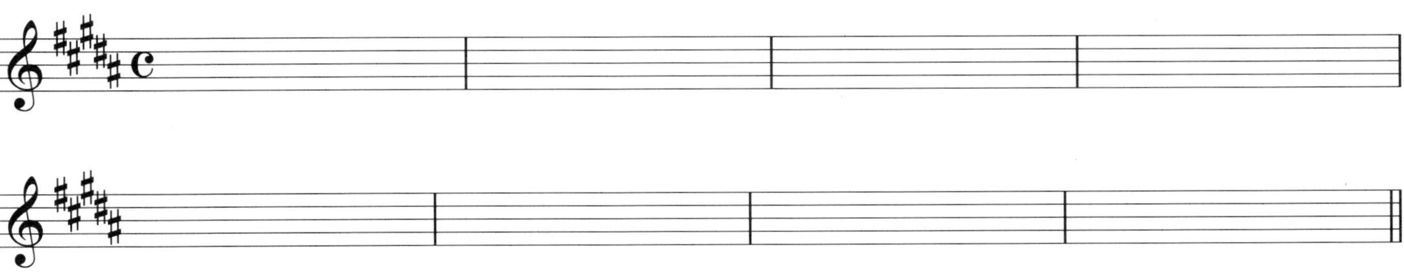

Just when I needed you most

Original Key A / 1~8마디

Date. ________________

01 음정분석과 시창 · 청음

Song by Randy Vanwarmer

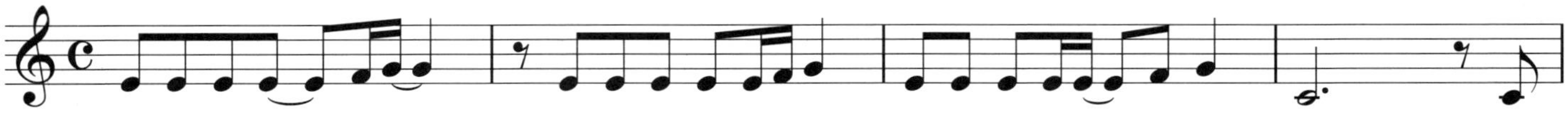

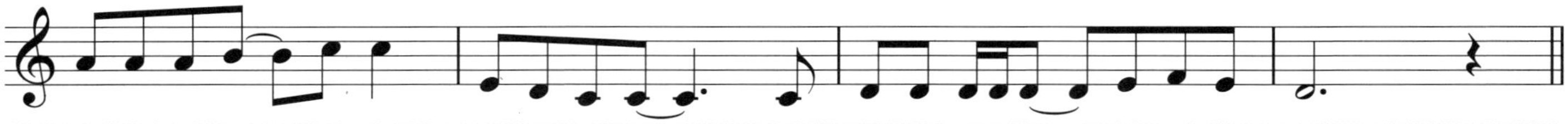

02 리듬연습

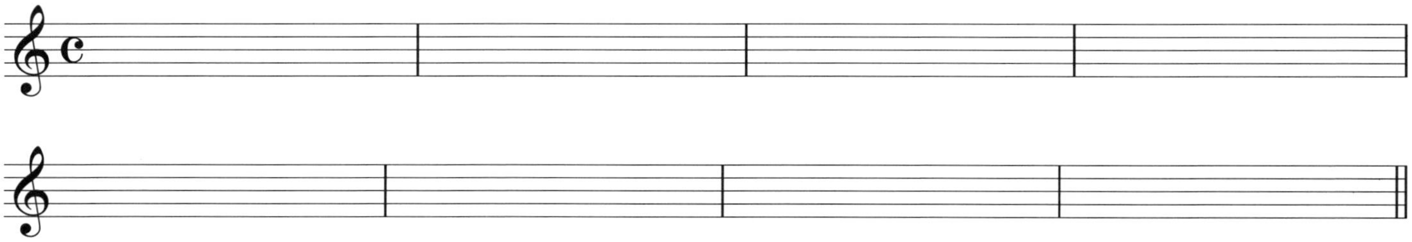

03 A Key로 조옮김하기

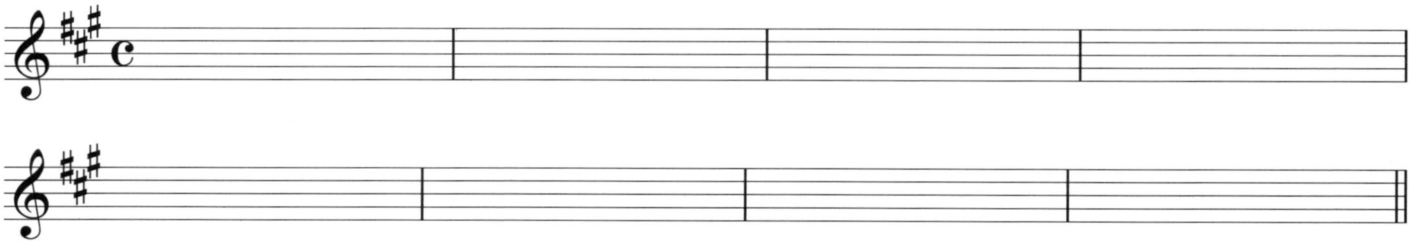

- A Key의 으뜸음과 조표를 찾아보자.

- #이 붙은 조의 으뜸음 찾는 방법 : #붙는 순서는 파 · 도 · 솔 · 레 · 라 · 미 · 시
  조표 #은 제일 마지막에 붙은 #음의 반음 위의 음이 으뜸음이다.

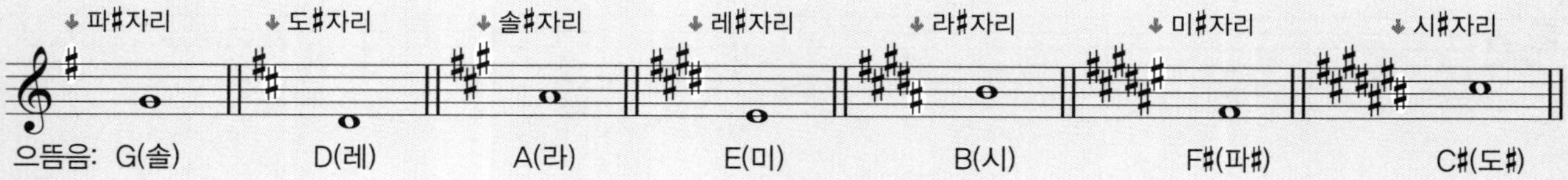

그러므로 A key는 #이 3개이다.

CD Track 11, 12

| Reality

Original Key G / 1~8마디, 9~16마디

01 음정분석과 시창·청음

Date. ___________

① 1~8마디

Song by Richard Sanderson

02 리듬연습

① 1~8마디

② 9~16마디

03 G Key로 조옮김하기

① 1~8마디

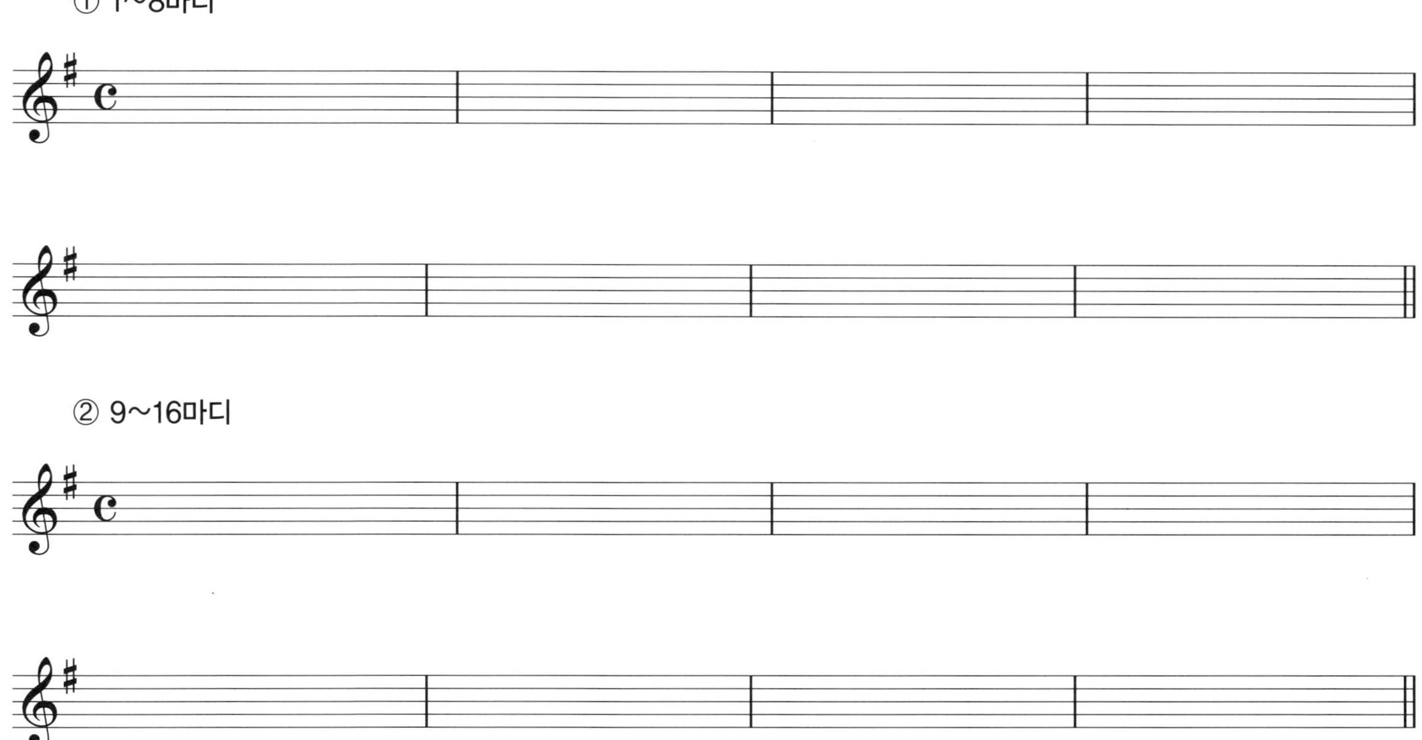

② 9~16마디

• 리듬보다는 임시표에 주의해서 연습한다.

• 어려운 리듬 따라잡기

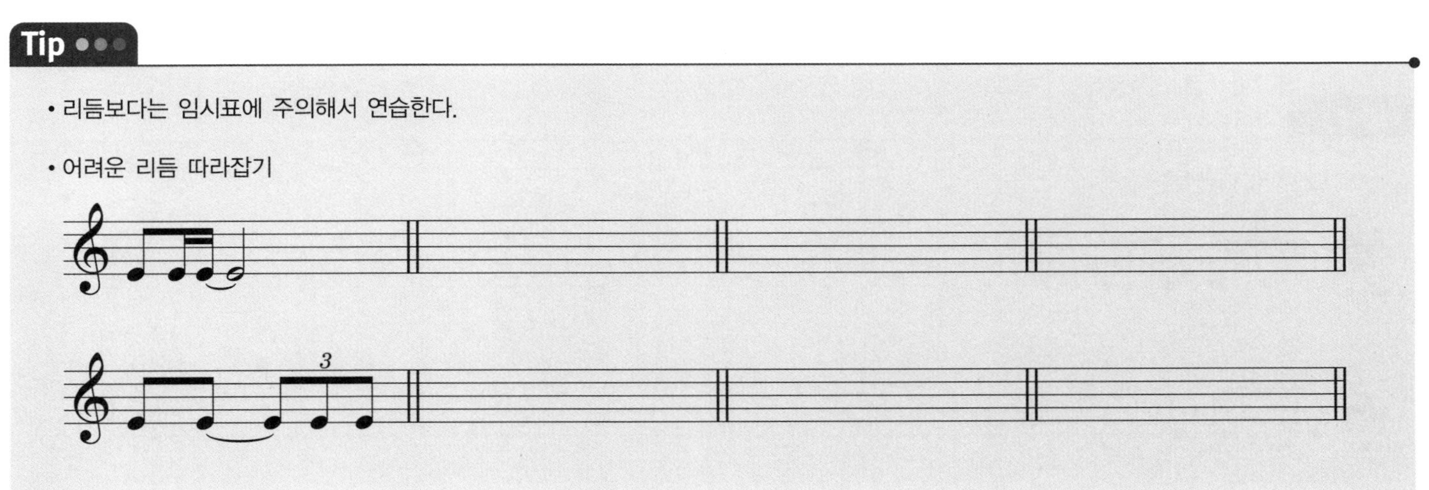

| Perhaps love

Original Key C / 1~8마디

Date. ______________

01 음정분석과 시창·청음

Song by Placido Domingo & John Denver

02 리듬연습

Tip •••

• 어려운 리듬 따라잡기

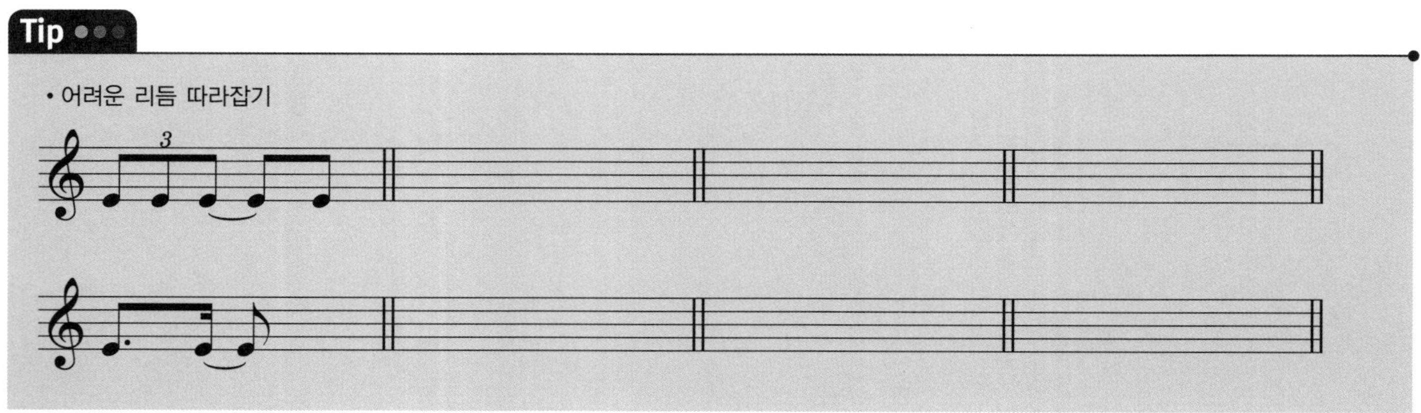

CD Track **14**

Moonlight flower

Original Key Cm / 5~12마디

Date. ____________

01 음정분석과 시창 · 청음

Song by Michael Cretu

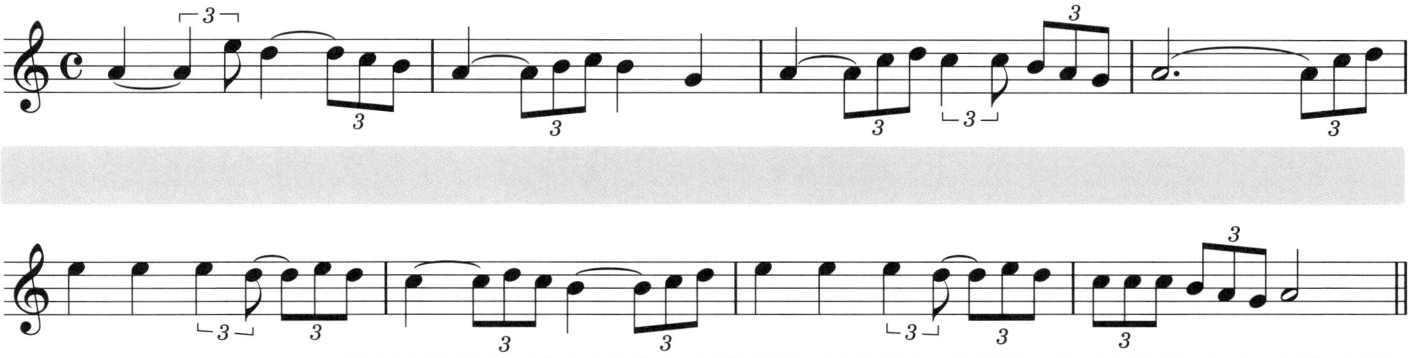

02 리듬연습

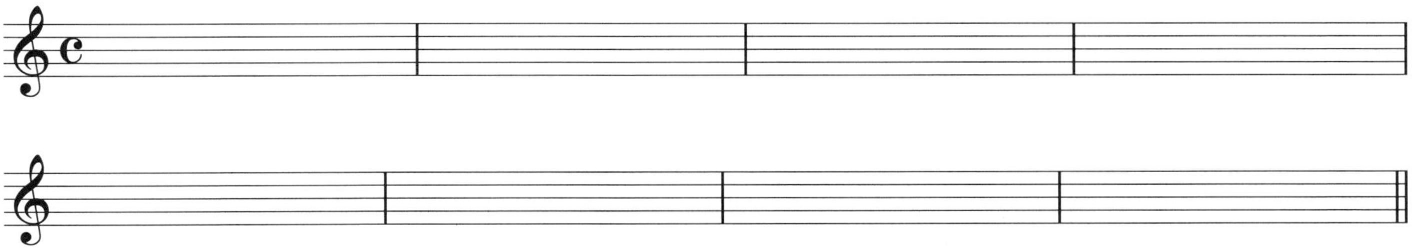

03 Cm Key로 조옮김

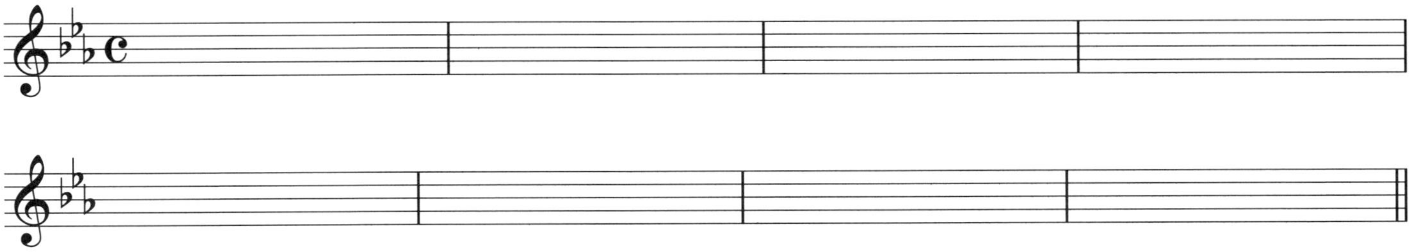

Tip ●●●

• 이 곡은 Slow Rock 리듬이므로 ♩= ♫가 아니라 ♩= ♩♩♩(3)의 리듬으로 이해하고 시창 · 청음한다.
즉, 한 마디에 셋잇단음표의 ♪가 12개 들어있다고 생각하면 이해하기 쉽다.

CD Track 15

Stairway to heaven

Original Key Am / 13~20마디

Date. ______________

01 음정분석과 시창 · 청음

Song by Led Zepplin

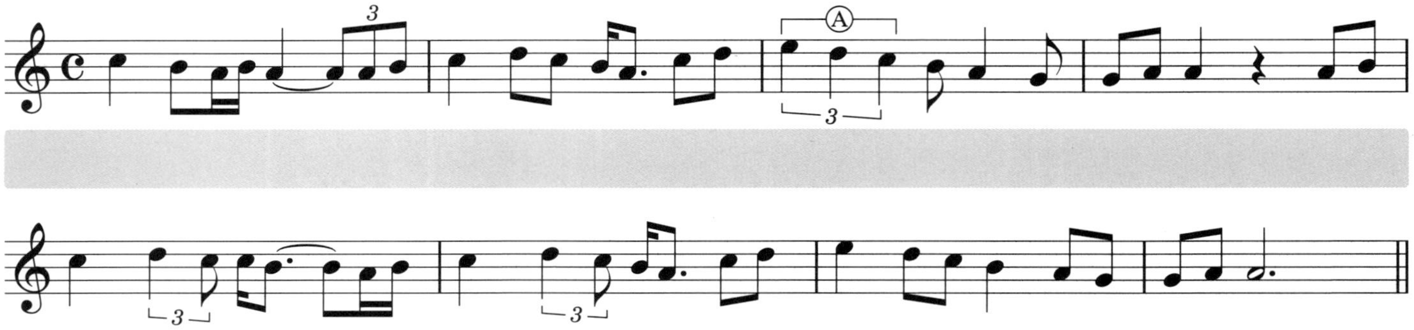

02 리듬연습

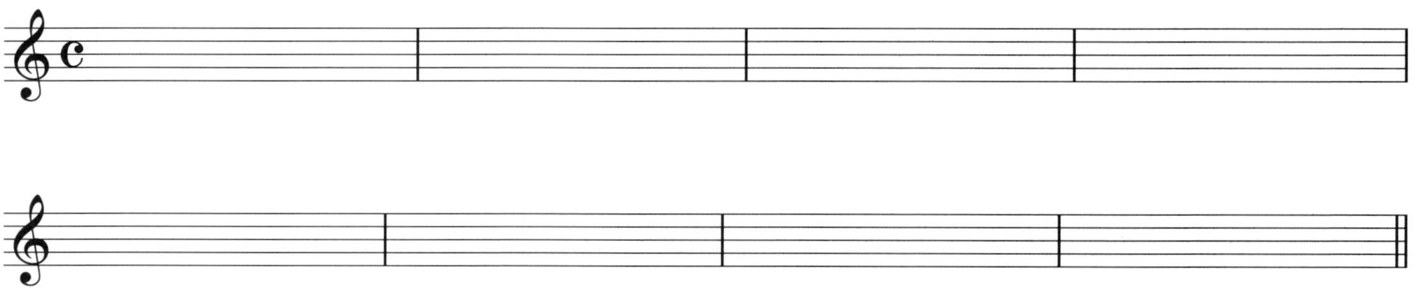

Tip

- Ⓐ는 2분음표와 길이가 같다(𝅗𝅥 = ♩♩♩ 셋잇단). ♪♩ ♪리듬과 혼동하지 않도록 주의한다.
- 어려운 리듬 따라잡기

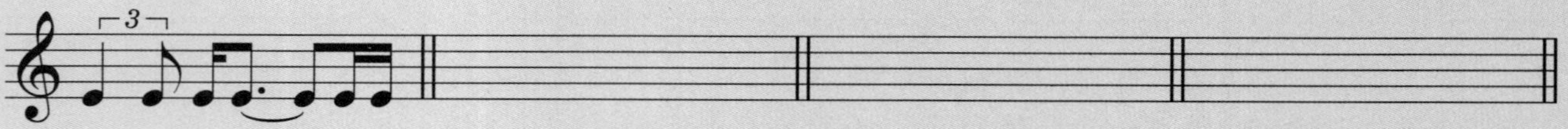

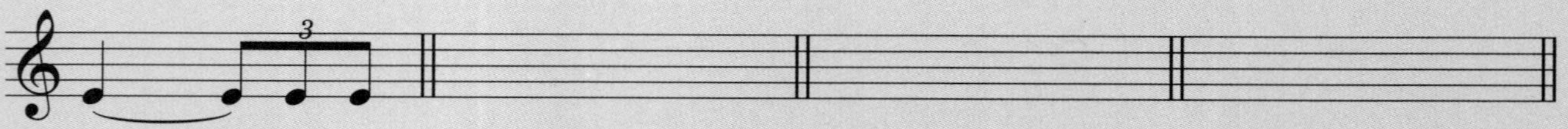

↑ ♩‿♫♩ 리듬과 혼동하지 않도록 주의한다.

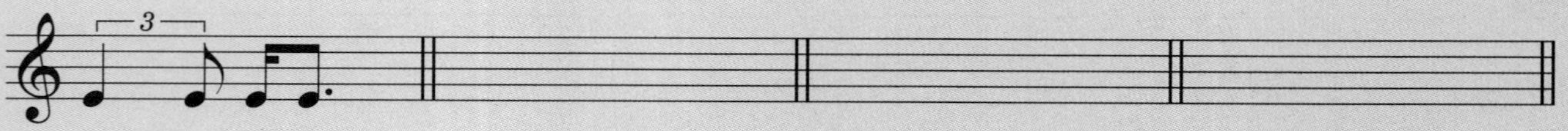

CD Track 16, 17

| You raise me up　**Original Key** F / 1~8마디, 9~16마디

Date. _______________

01 음정분석과 시창 · 청음

Song by Westlife

① 1~8마디

② 9~16마디

02 리듬연습

① 1~8마디

② 9~16마디

03 F Key로 조옮김

① 1~8마디

② 9~16마디

Tip ●●●

• 주요 리듬 :

• 어려운 리듬 따라잡기

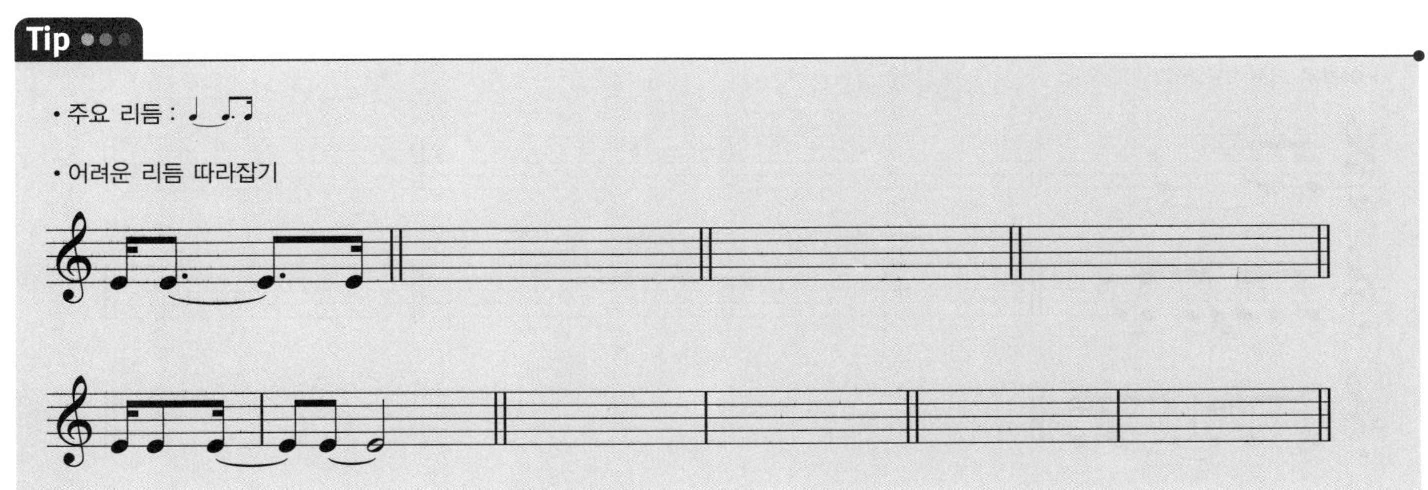

Just the two of us

Original Key Fm / 5~12마디

Date. _______________

01 음정분석과 시창 · 청음

Song by Bill Withers

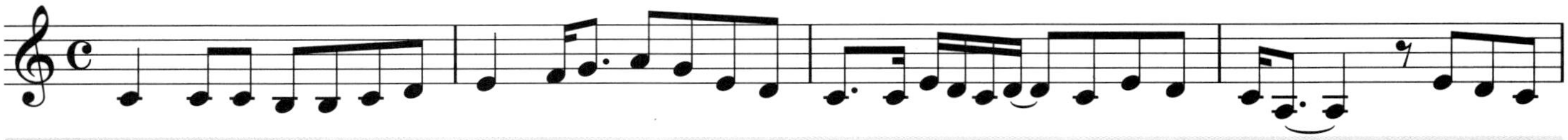

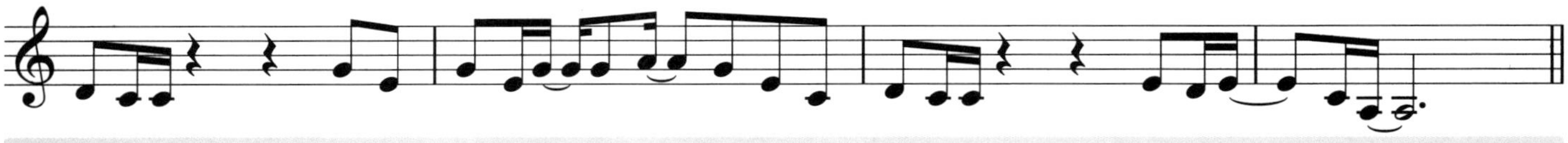

02 리듬연습

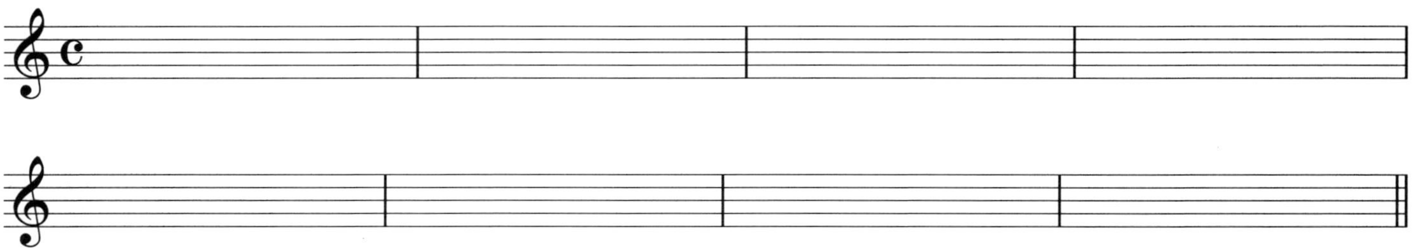

03 Fm Key로 조옮김

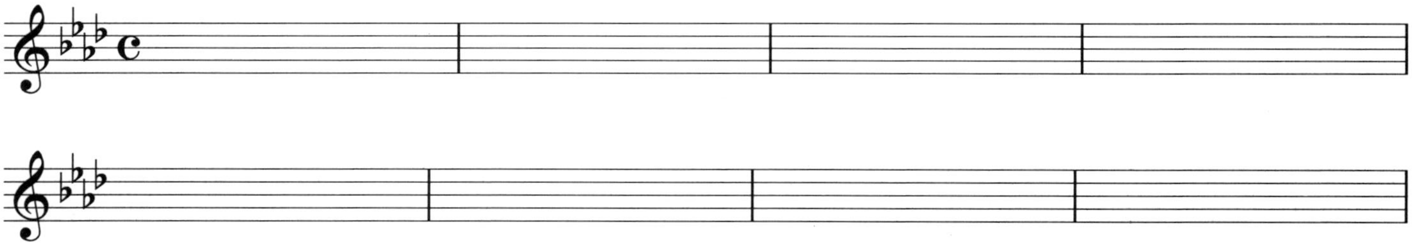

Tip ●●●

• 어려운 리듬 따라잡기

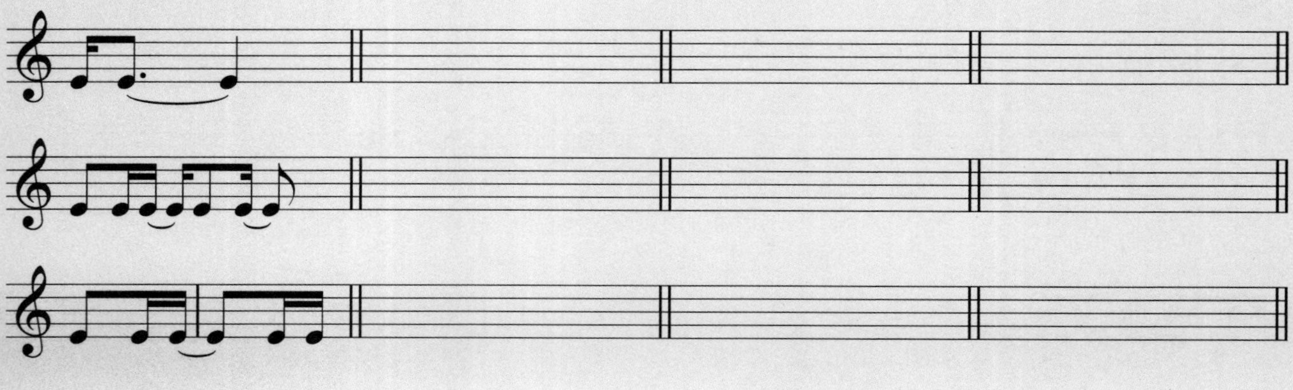

| Midnight blue   Original Key F / 1~8마디

Date. _______________

01 음정분석과 시창 · 청음

Song by E.L.O

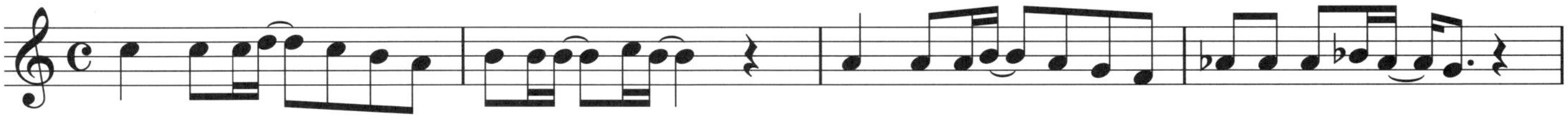

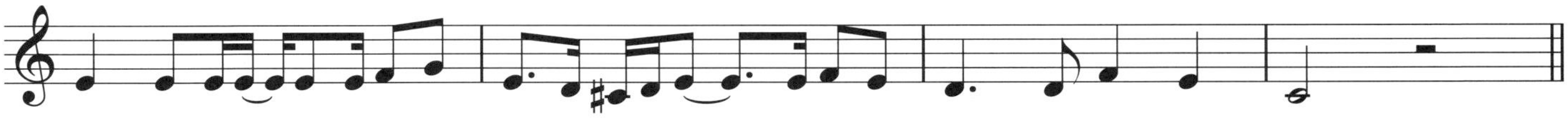

02 리듬연습

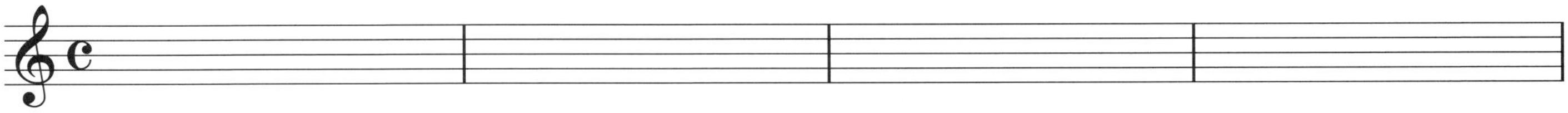

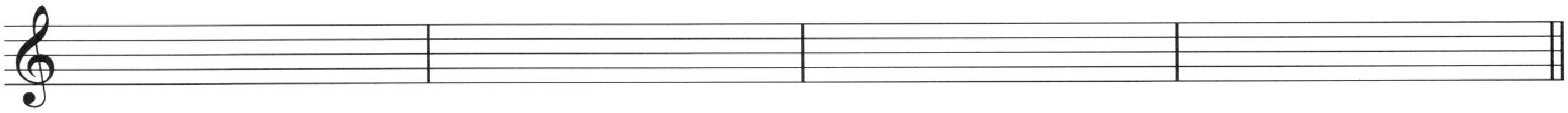

03 F Key로 조옮김

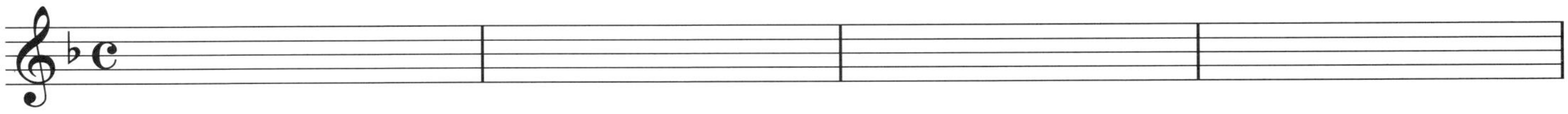

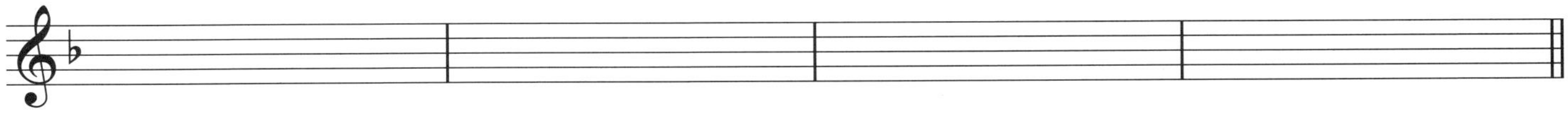

Tip ● ● ●

• 어려운 리듬 따라잡기

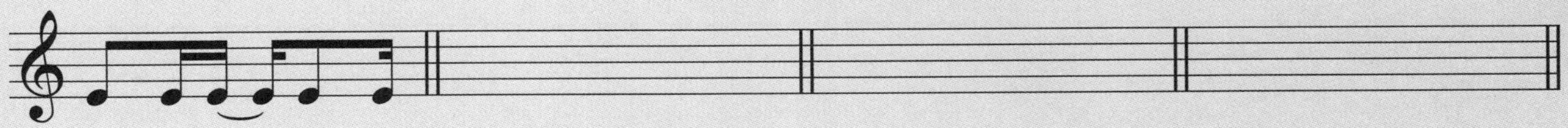

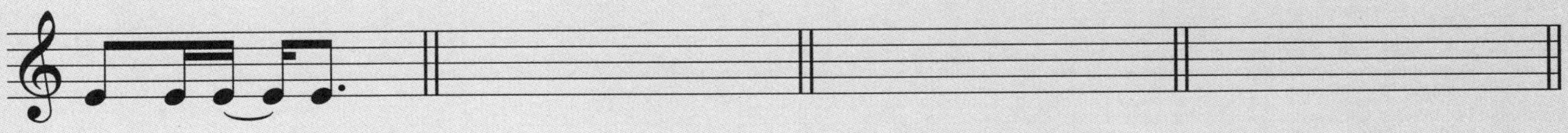

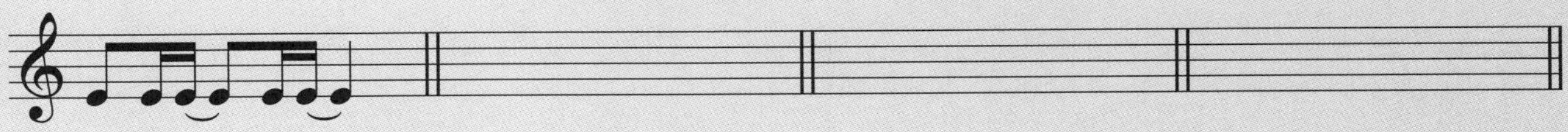

Desperado   Original Key G / 1~8마디

Date. ______________

01 음정분석과 시창 · 청음

Song by Eagles

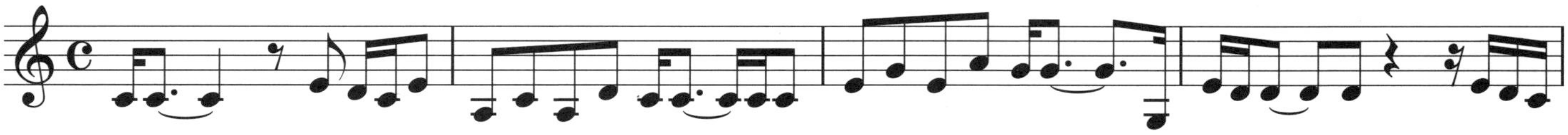

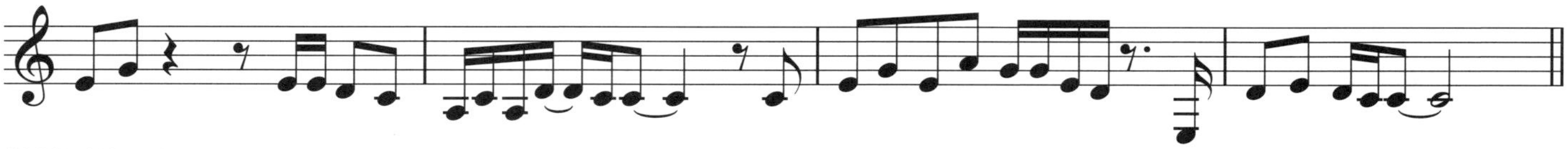

02 리듬연습

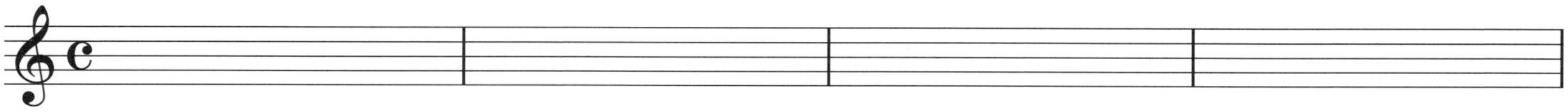

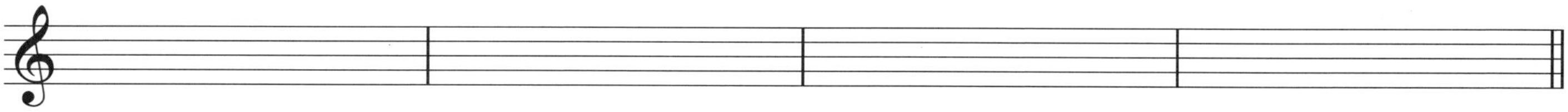

03 G Key로 조옮김

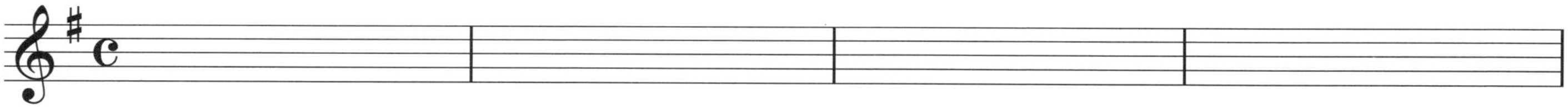

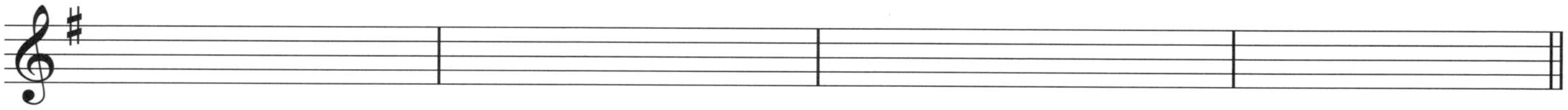

Tip ●●●

• 어려운 리듬 따라잡기

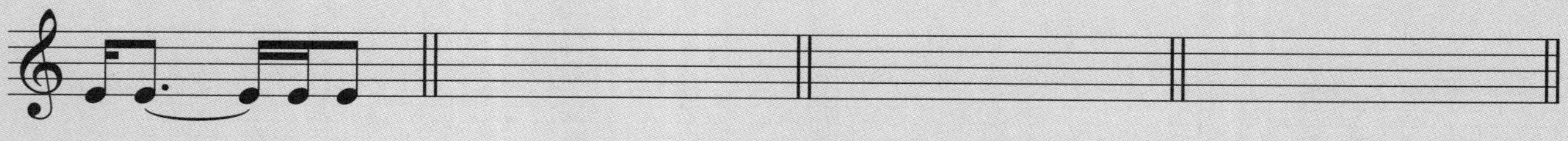

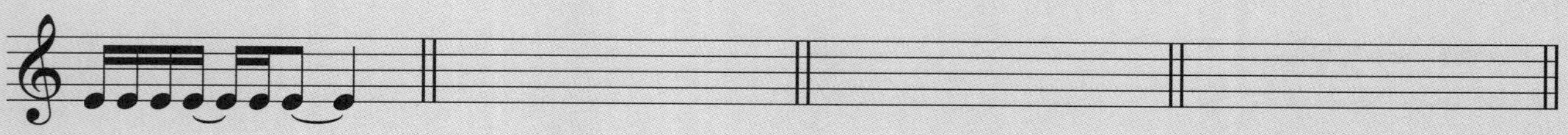

| Fly me to the moon

Original Key C / 1~8마디

Date. _______________

01 음정분석과 시창·청음

Song by Julie London

02 리듬연습

- 어려운 리듬 따라잡기

  부점이 많아서 리듬이 복잡해 보이지만 1~2마디와 3~4마디에서 같은 리듬 패턴이 반복해서 나온다. 어렵다고 생각하지 말고 재즈 스타일의 리듬으로 받아들여 익숙해지도록 연습하자.

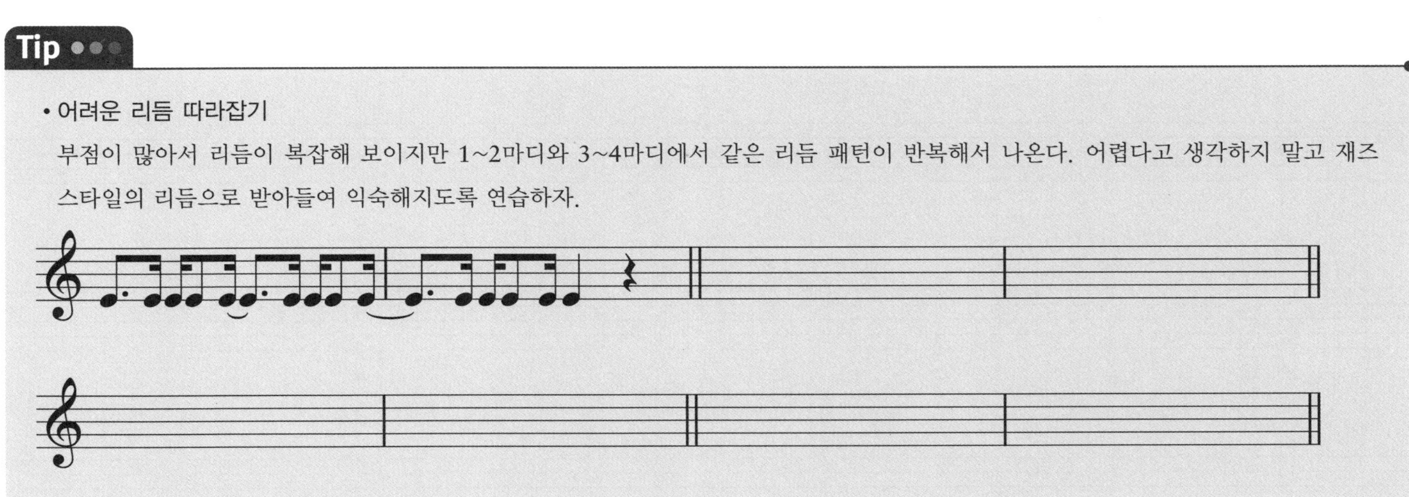

CD Track **22**

I do it for you
Original Key C / 3~10마디

Date. _______________

01 음정분석과 시창 · 청음

Song by Bryan Adams

02 리듬연습

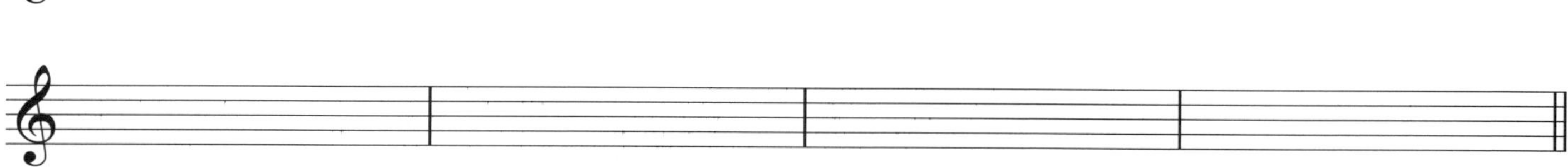

Tip ●●●

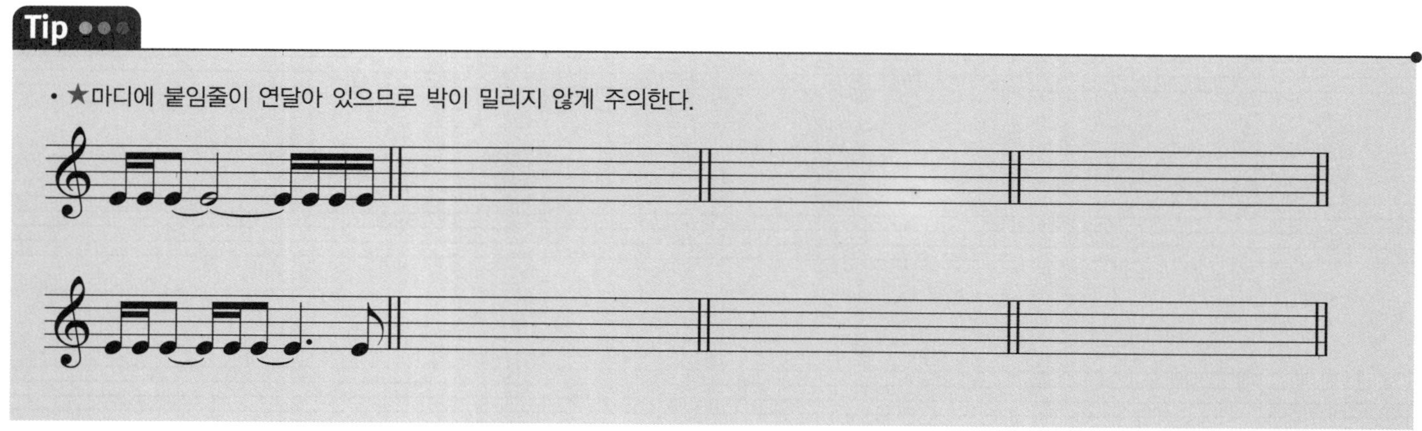

CD Track 23

Sympathy

Original Key Am / 10~17마디

Date. ____________

01 음정분석과 시창 · 청음

Song by Rarebird

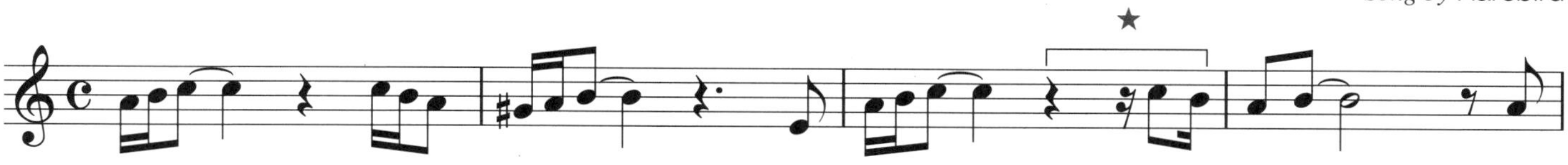

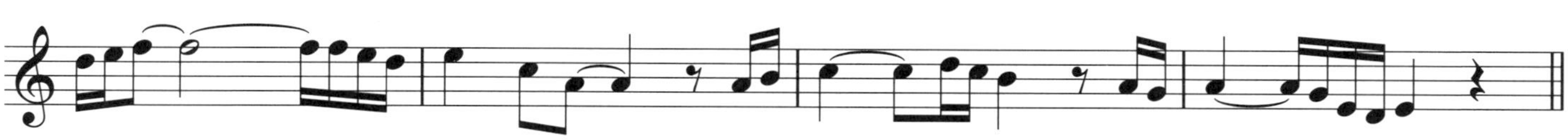

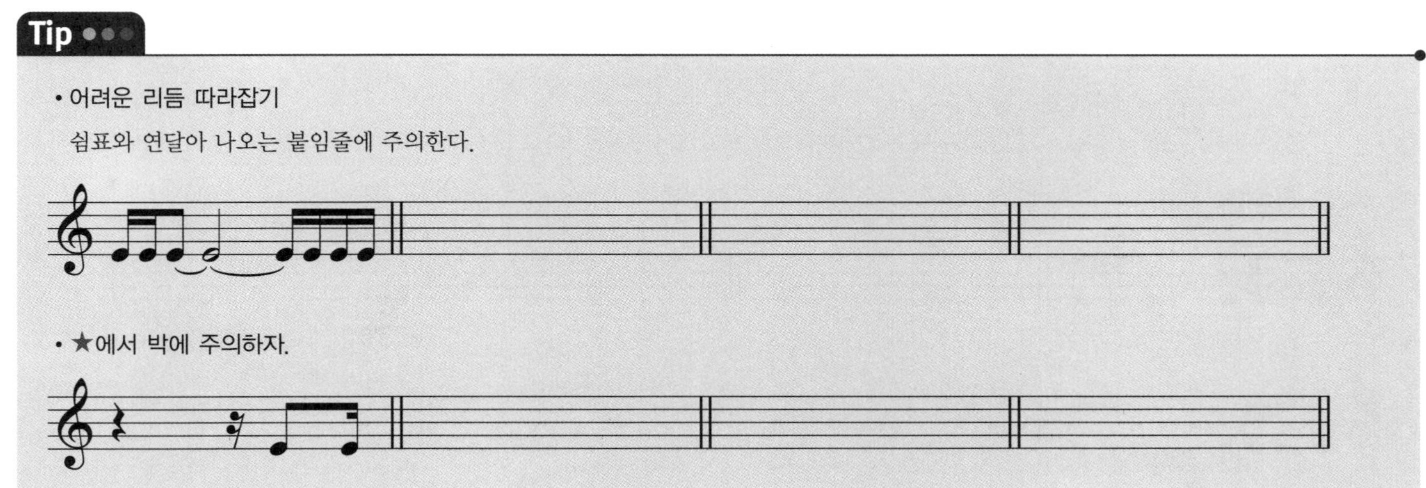

02 리듬연습

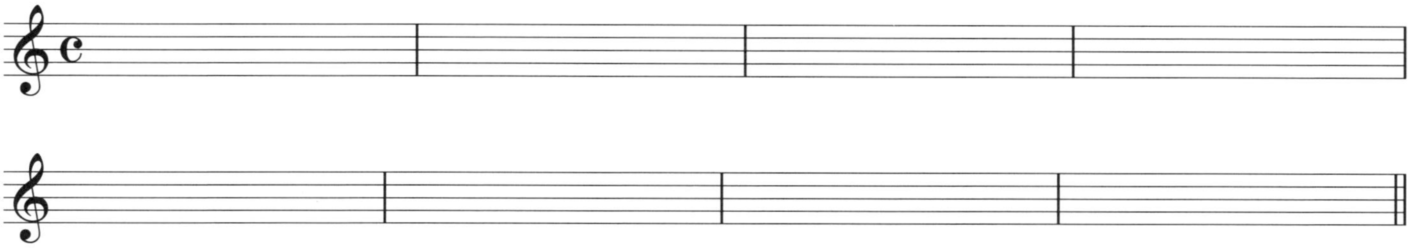

Tip

• 어려운 리듬 따라잡기

쉼표와 연달아 나오는 붙임줄에 주의한다.

• ★에서 박에 주의하자.

| Saving all my love for you

Original Key A / 3~10마디

Date. ______________

01 음정분석과 시창·청음

Song by Whitney Huston

02 리듬연습

03 A Key로 조옮김

Tip ●●●

- 이 노래는 $\frac{12}{8}$ 박자로 생각 할 수도 있다. $\frac{12}{8}$ 박자는 ♩.(점4분음표)를 1박으로 하여 생각하면 되는데, 위의 악보에서 ┌3┐을 빼면 $\frac{12}{8}$ 박자와 같다.

- ♩ ♫와 ♩ ♫를 혼동할 수 있으니 원곡과 CD를 충분히 듣고 시창·청음한다.

- 어려운 리듬 따라잡기

| Careless Whisper   **Original Key** Dm / 8~15마디

Date. __________

01 음정분석과 시창·청음

Song by Wham

02 리듬연습

03 Dm Key로 조옮김

Tip ●●●

• ★은 붙임줄이 연달아 나오는 리듬으로 박이 밀리지 않도록 주의한다.

CD Track **26**

Goodbye

Original Key F♯ / 9~16마디

Date. ___________

01 음정분석과 시창·청음

Song by Jessica Folker

02 리듬연습

03 F♯ Key로 조옮김 (38p Tip 참조)

Tip ●●●

• 리듬이 복잡해 보이지만 주로 ♪♫ 리듬이 붙임줄로 되어 있으며, 같은 음의 반복이 많아서 어렵지 않게 청음할 수 있다.

CD Track **27**

Soldier of fortune

Original Key Gm / 1~8마디

Date. ______________

01 음정분석과 시창 · 청음

Song by Deep Purple

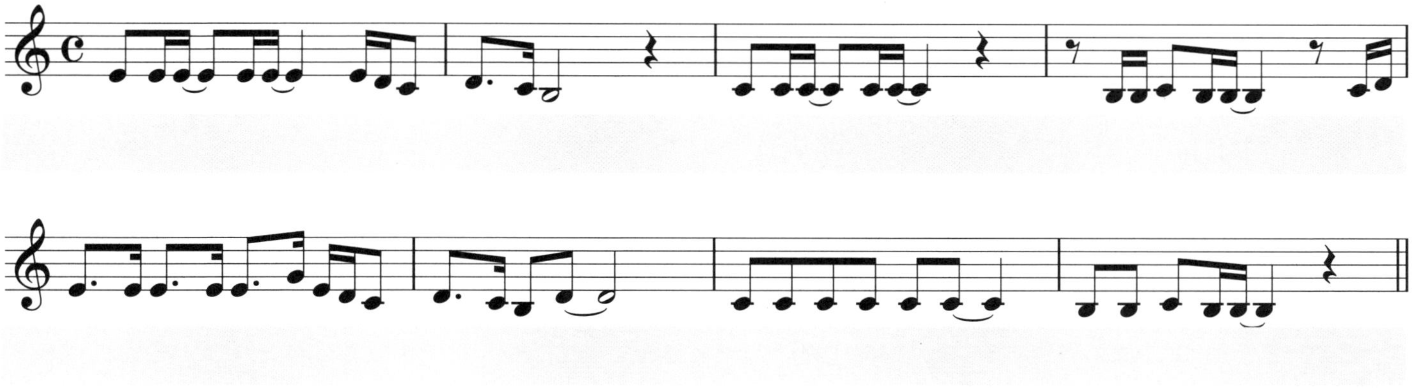

02 리듬연습

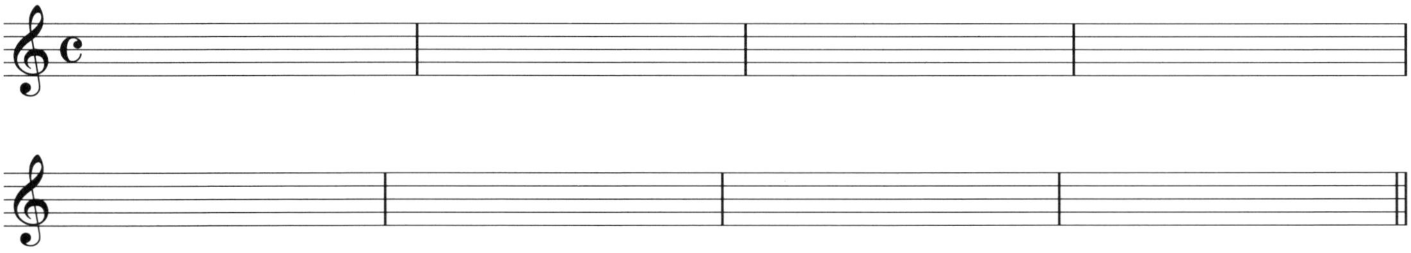

03 Gm Key로 조옮김 (B♭의 나란한 조)

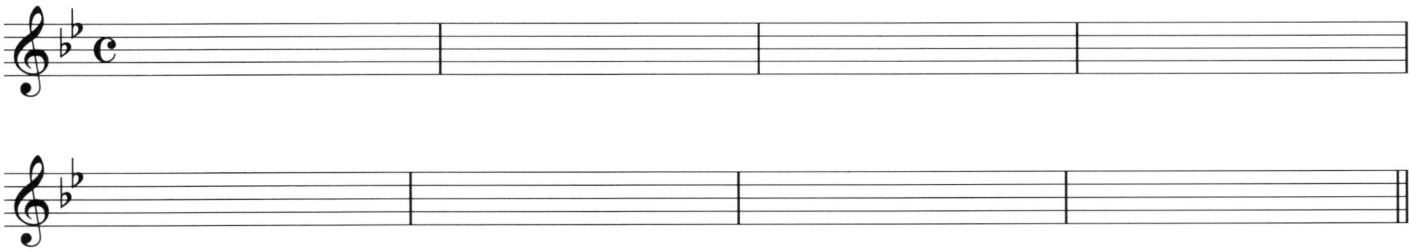

Tip

- 익숙해지도록 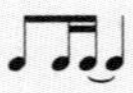 리듬을 연습한다.
- 어려운 리듬 따라잡기

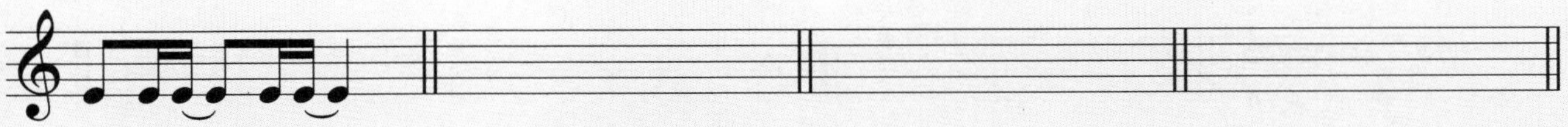

CD Track 28

Rosanna

Original Key G / 1~8마디

Date. ______________

01 음정분석과 시창 · 청음

Song by Toto

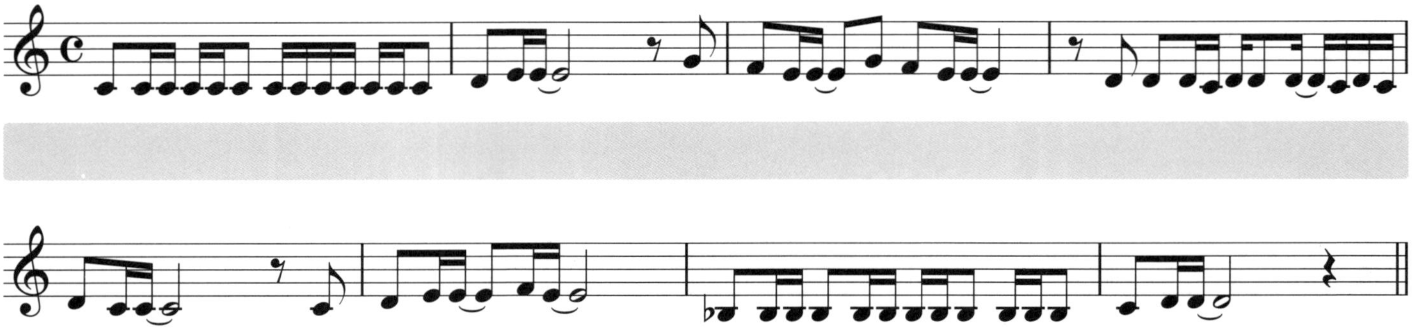

02 리듬연습

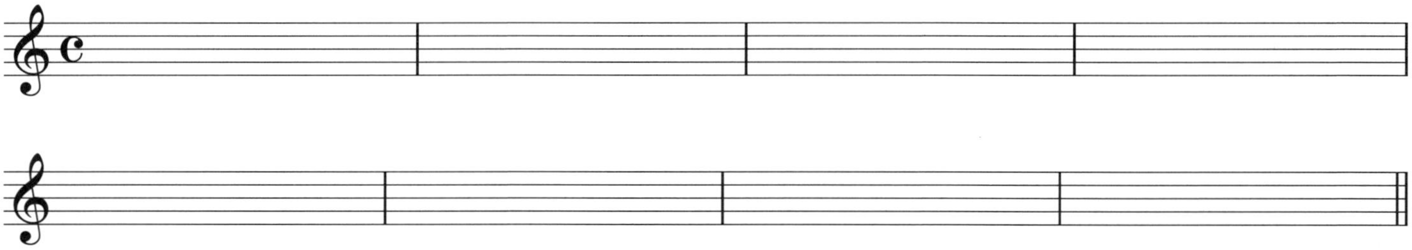

03 G Key로 조옮김

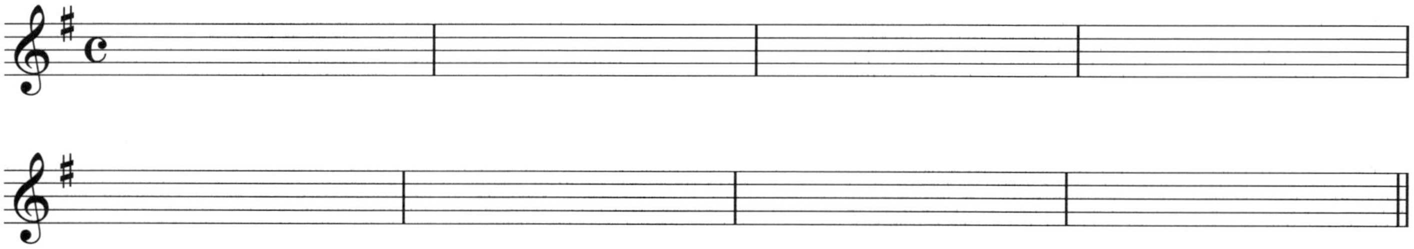

Tip

• 어려운 리듬 따라잡기

와 리듬을 헷갈리지 않도록 CD를 충분히 듣고 리듬을 그려본다.

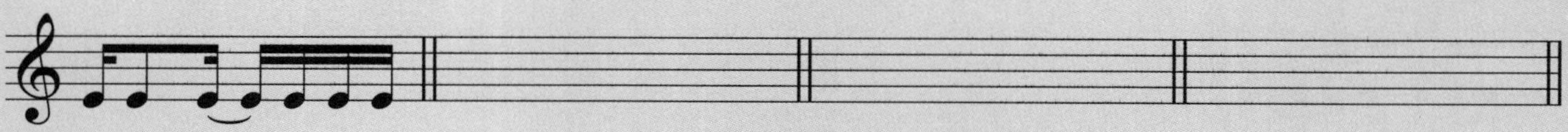

CD Track 29

Making love out of nothing at all

Original Key G / 5~12마디

Date. ________________

01 음정분석과 시창 · 청음

Song by Air Supply

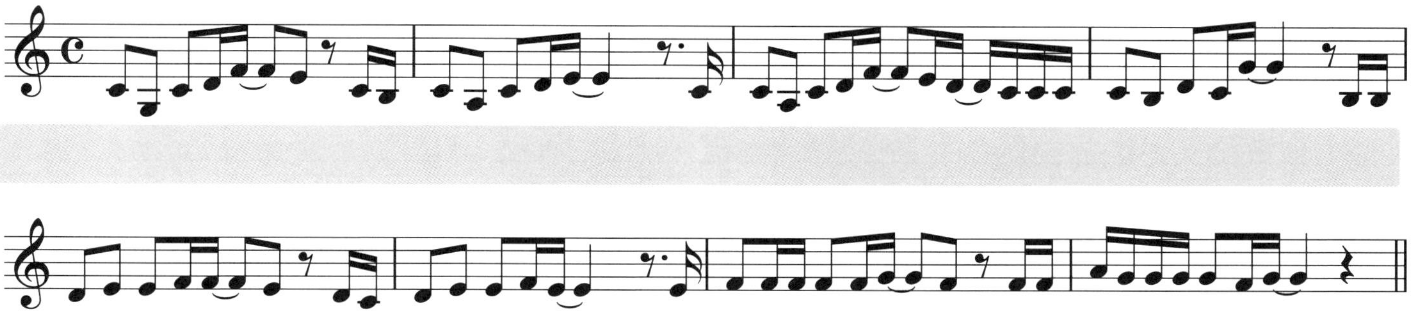

02 리듬연습

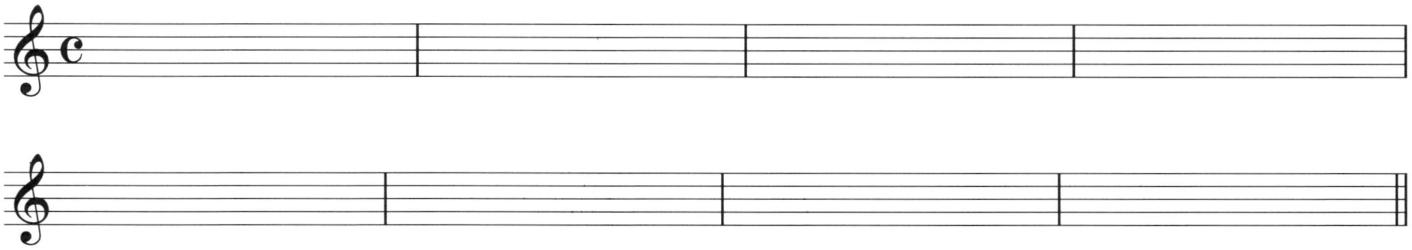

03 G Key로 조옮김

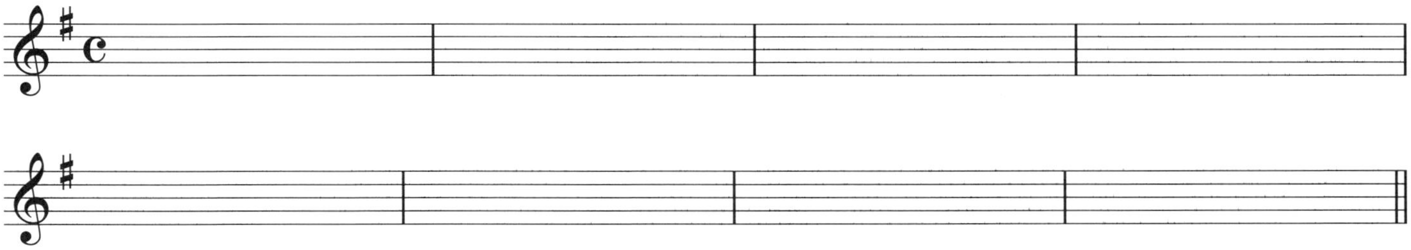

BREAK TIME •••

• 조표가 있는 멜로디가 어렵다면 C Key로 조옮김하여 멜로디의 음정을 분석하고 충분히 시창 · 청음을 한 후, Original Key로 연습하는 것이 좋다.

Tip •••

• 어려운 리듬 따라잡기

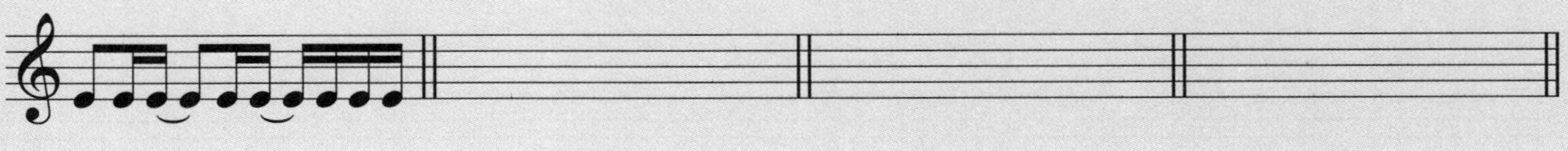

제8장 부점으로 연결된 당김음 연습Ⅱ

CD Track 30

Let it be

Original Key C / 5~12마디

Date. ______________

01 음정분석과 시창 · 청음

Song by Beatles

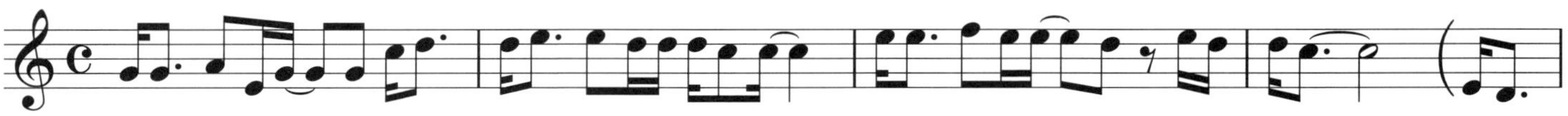

↓ 음역대가 너무 높기 때문에 한 옥타브 아래로 표기한다.

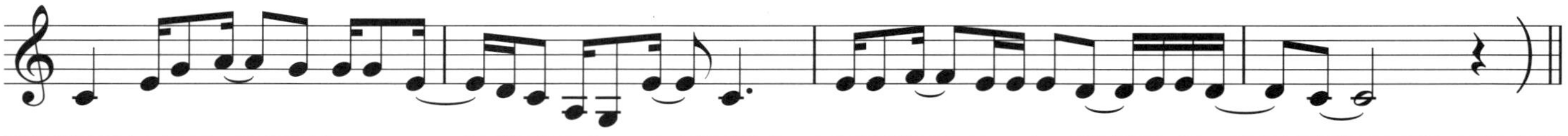

02 리듬연습

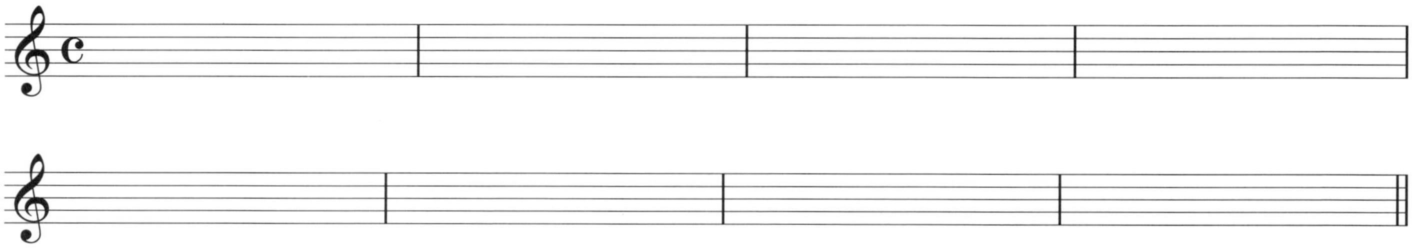

Tip

• 어려운 리듬 따라잡기

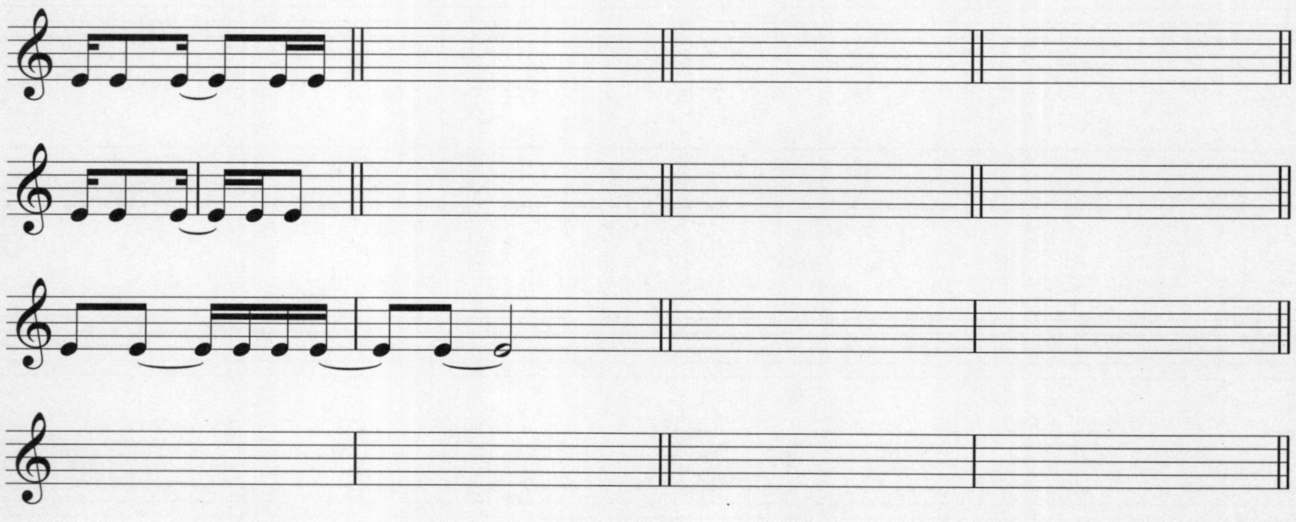

CD Track 31

Copacabana

Original Key G / 3~10마디

Date. ______________

01 음정분석과 시창 · 청음

Song by Barry Manilow

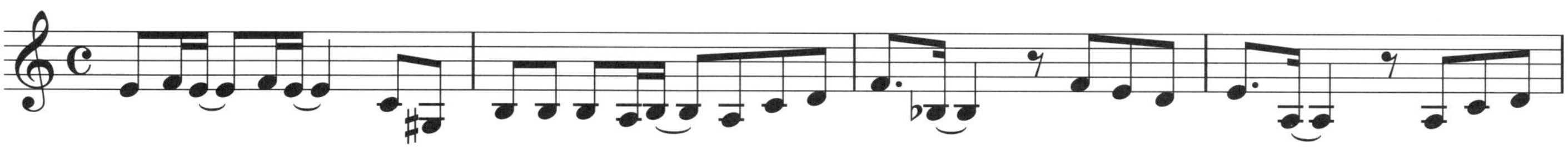

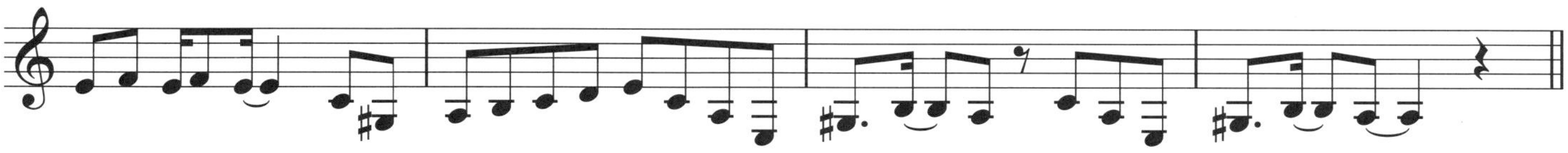

02 리듬연습

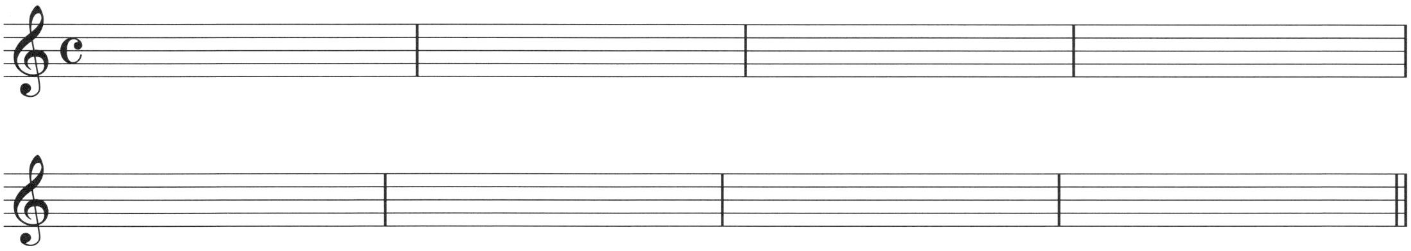

03 G Key로 조옮김

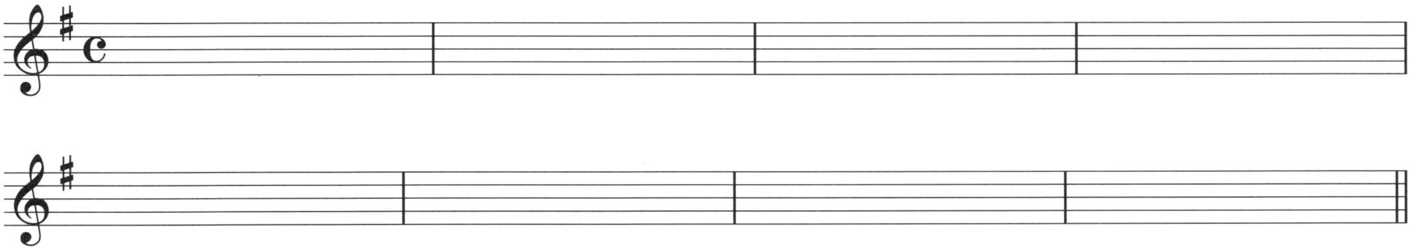

Tip

• 어려운 리듬 따라잡기

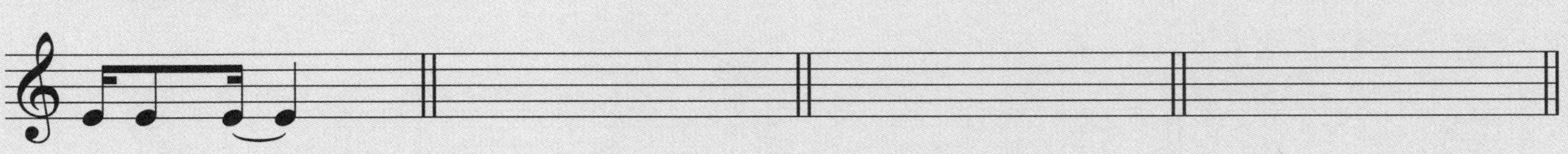

↑ 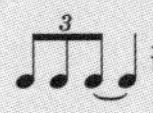 리듬과 혼동하지 않도록 주의!

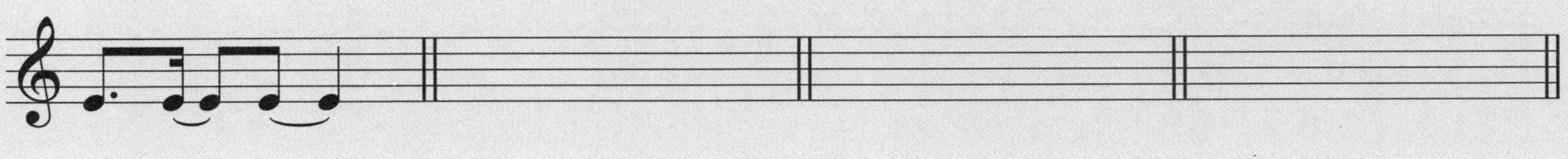

I will always love you

Original Key A / 41~48마디

Date. _______________

Song by Whitney Huston

01 음정분석과 시창 · 청음

02 리듬연습

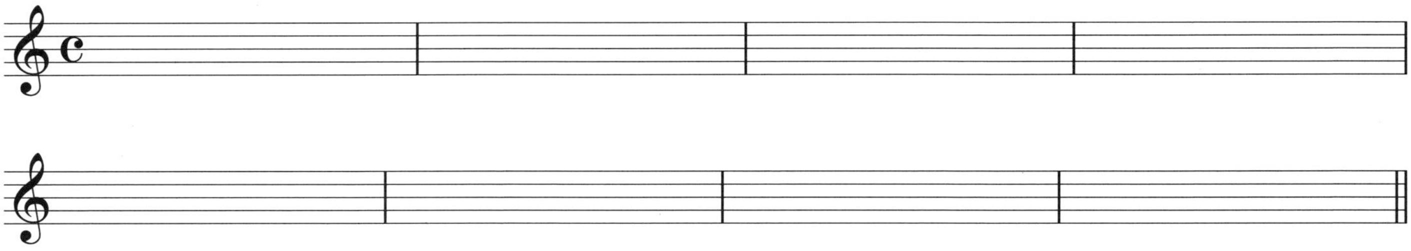

03 A Key로 조옮김

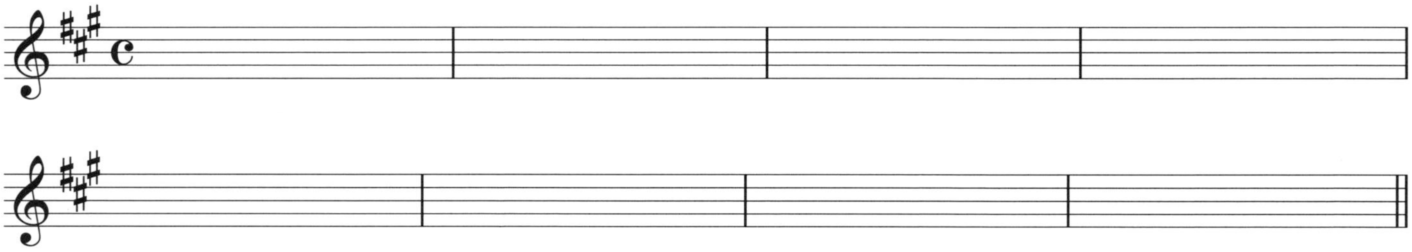

Tip •••

(1) ★부분의 쉼표에 주의

(2) 어려운 리듬 따라잡기

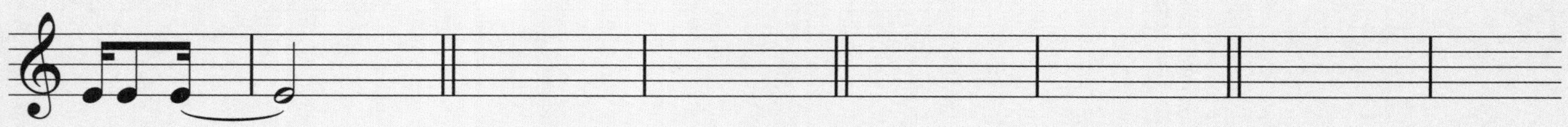

↑ ♪. │ ♩의 리듬으로 혼동하기 쉬우므로 충분히 CD를 듣고 연습한다.

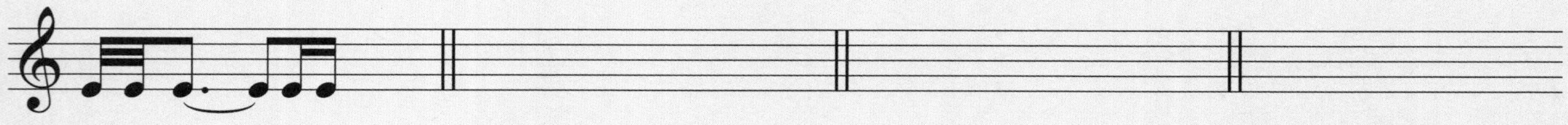

| The Boxer **Original Key** A / 1~8마디

Date. ___________

01 음정분석과 시창 · 청음

Song by Simon & Garfunkel

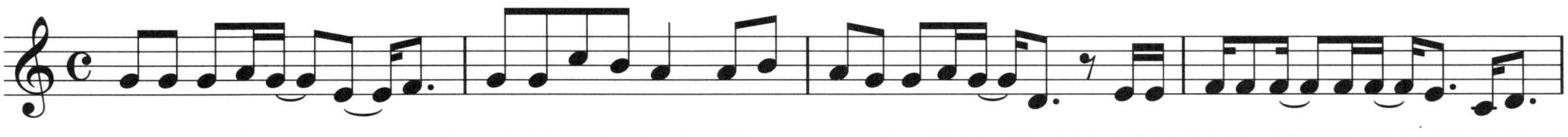

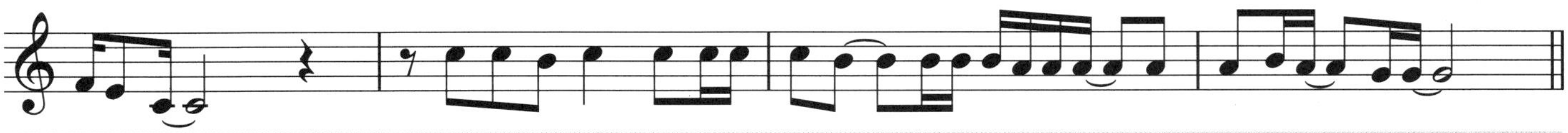

02 리듬연습

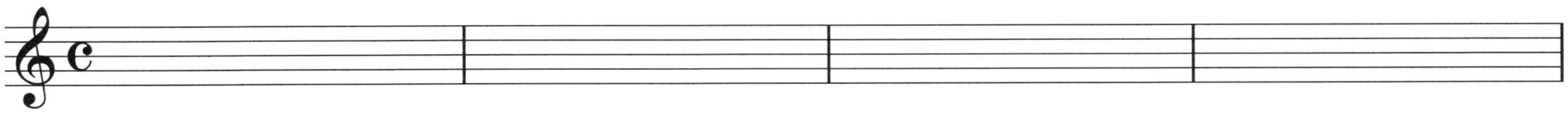

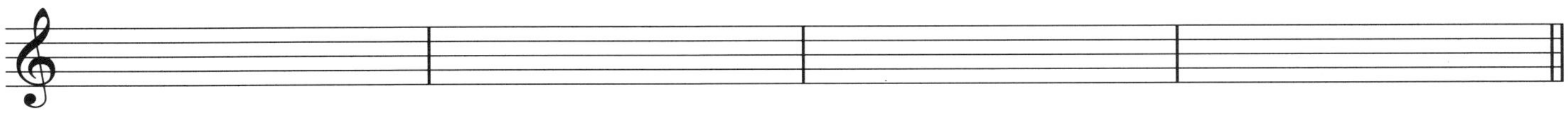

03 A Key로 조옮김

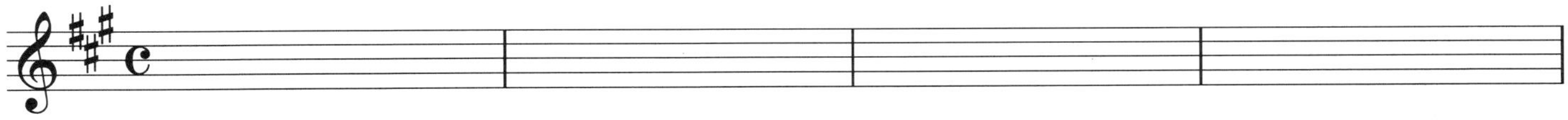

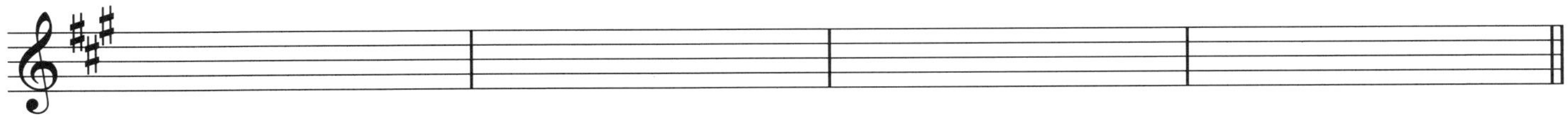

CD Track 34, 35

Lately

Original Key D♭ / 9~16마디

01 음정분석과 시창·청음

Date. ______________

Song by Stevie Wonder

① 1~8마디

② 9~16마디

02 리듬연습

① 1~8마디

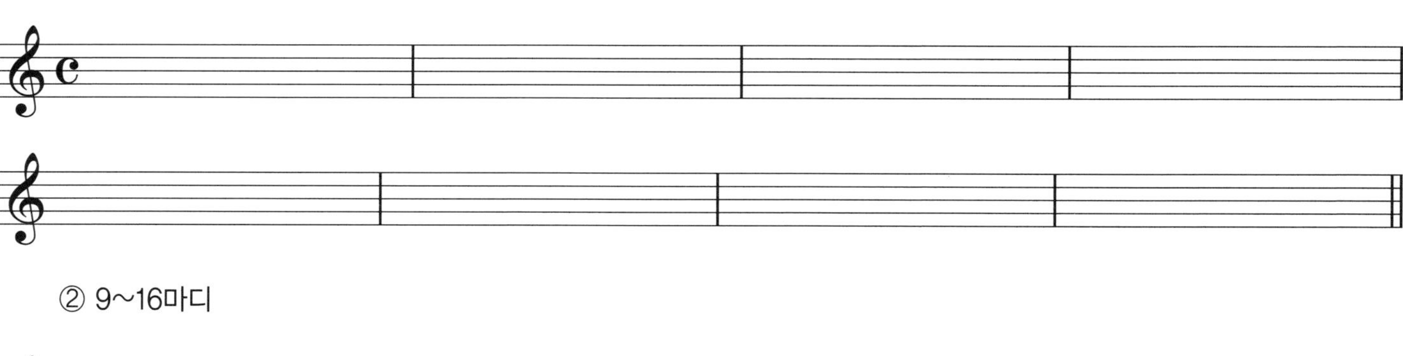

② 9~16마디

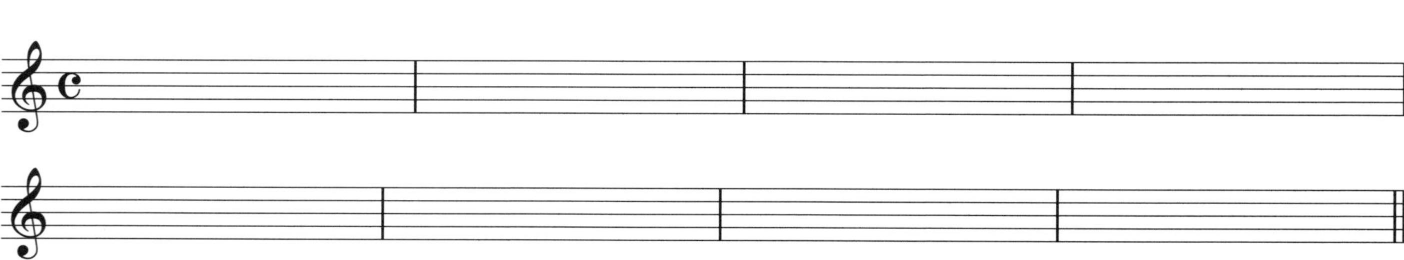

03 D♭ Key로 조옮김

① 1～8마디

② 9～16마디

- 두 멜로디는 음의 구성이 거의 같지만 리듬이 다르므로 비교하며 연습한다.

- 어려운 리듬 따라잡기

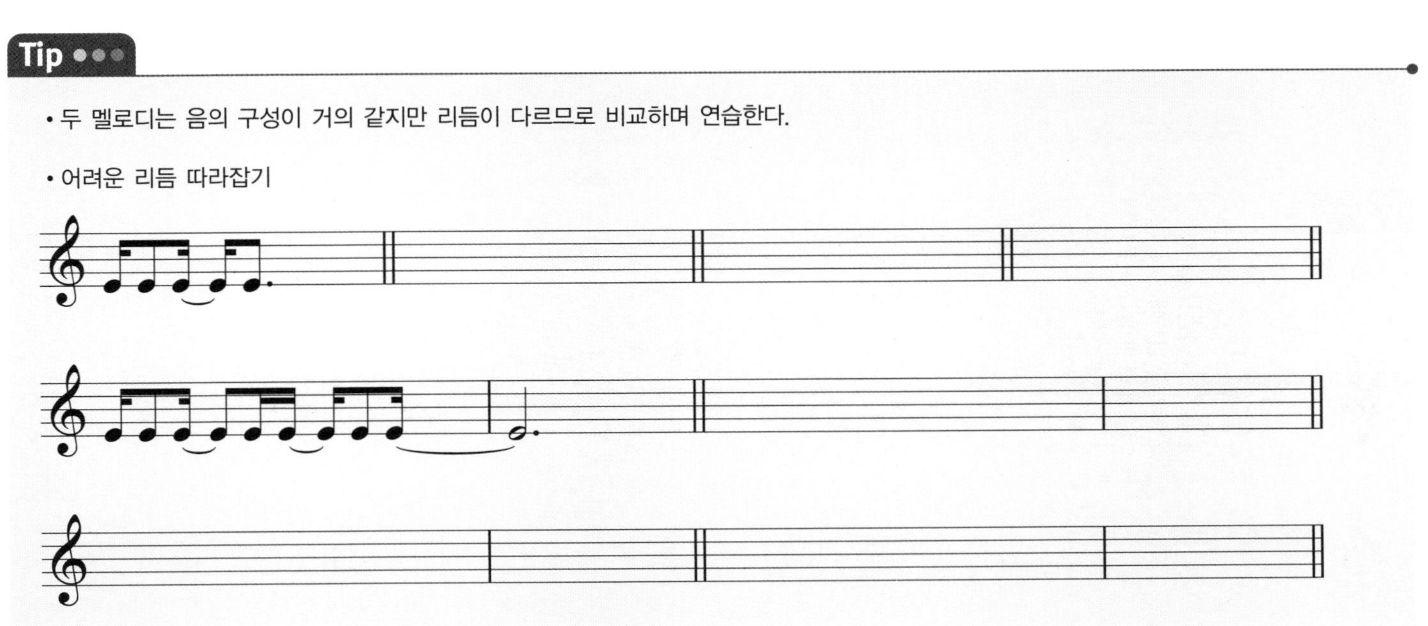

CD Track 36

What can I do

Original Key Fm / 5~12마디

Date. ______________

01 음정분석과 시창 · 청음

Song by Smokie

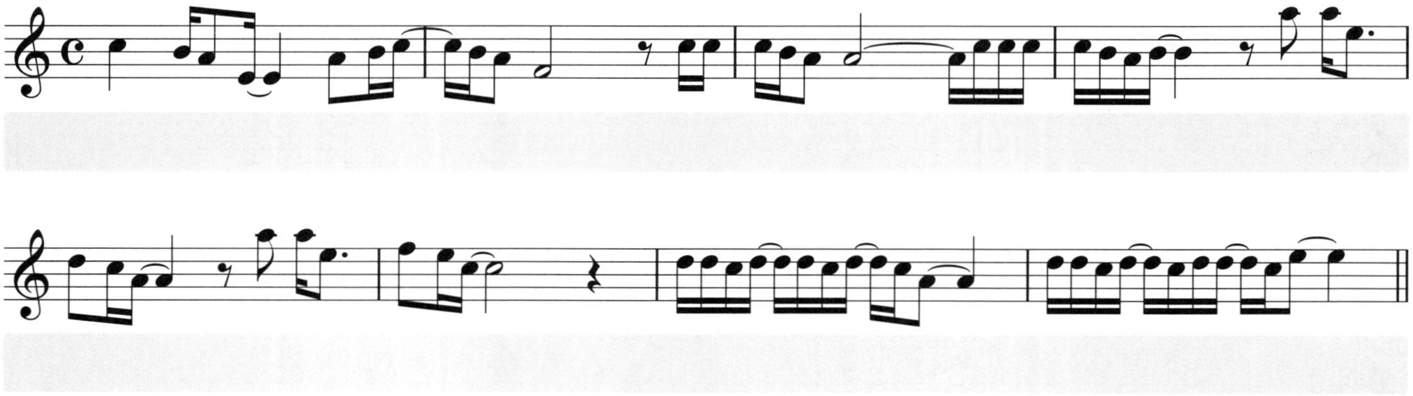

02 리듬연습

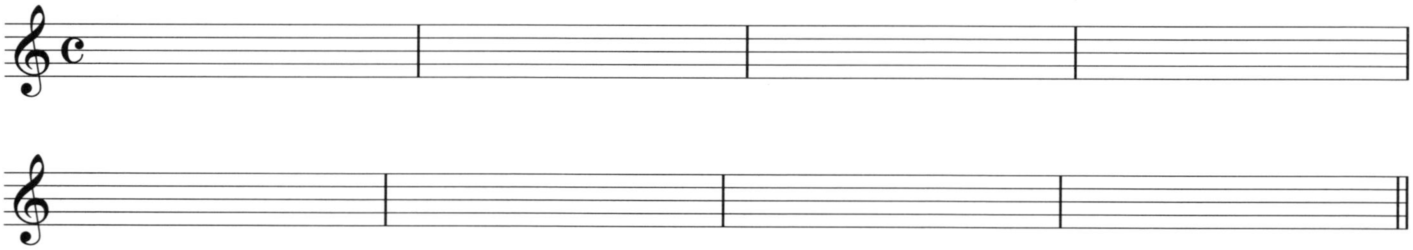

03 Fm Key로 조옮김

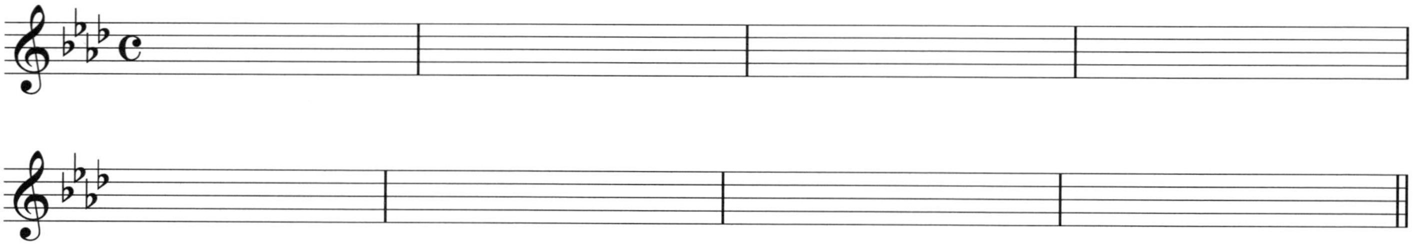

Tip

• 어려운 리듬 따라잡기

3번이상 연속하는 16분음표는 금방 지나가기 때문에 시창 시, 정확히 불러 리듬을 외운 후 청음한다.

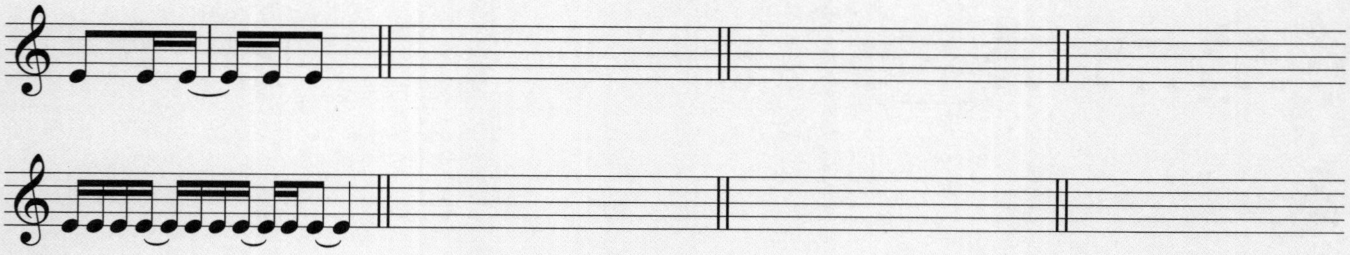

CD Track 37

Against all odds

Original Key D♭ / 7~14마디

Date. ______________

01 음정분석과 시창 · 청음

Song by Phil Collins

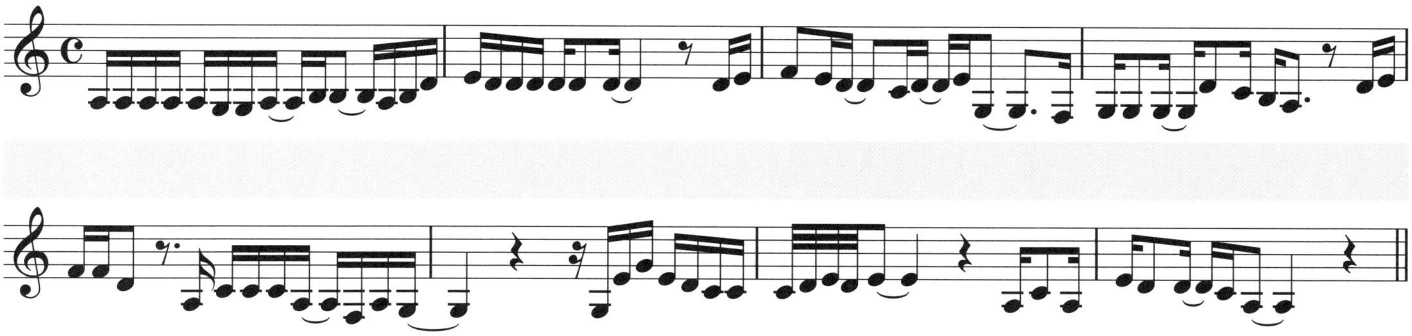

02 리듬연습

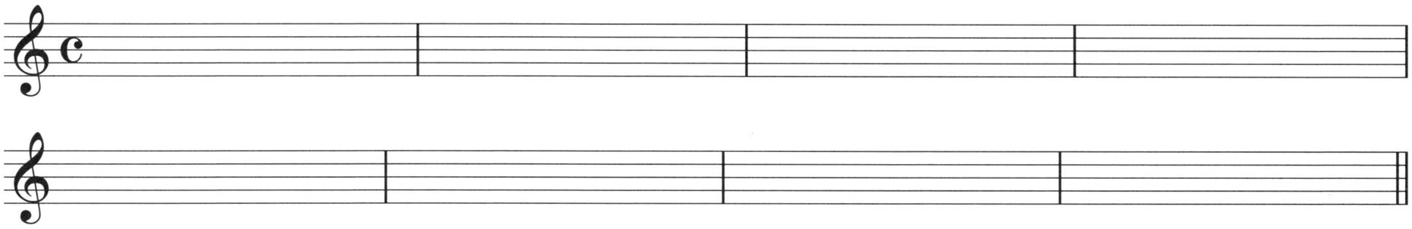

03 D♭ Key로 조옮김 (35p BREAK TIME 참조 / 라♭(A♭)이 으뜸음(도)이다.)

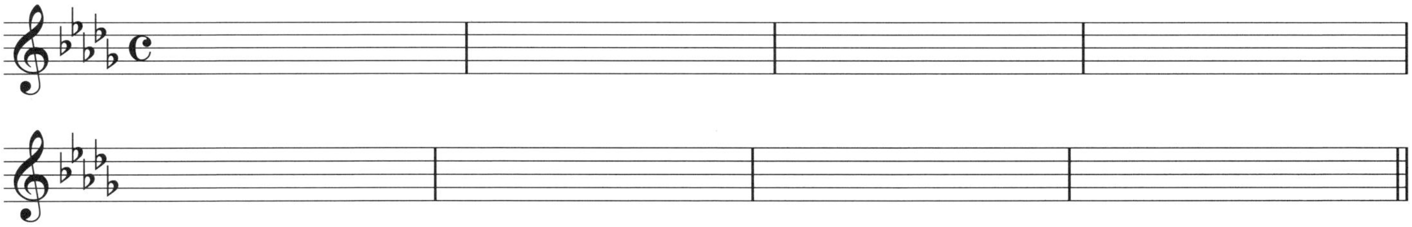

Tip

• 어려운 리듬 따라잡기

(1)

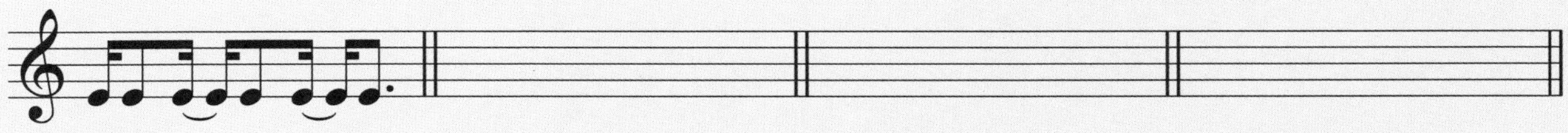

(2)

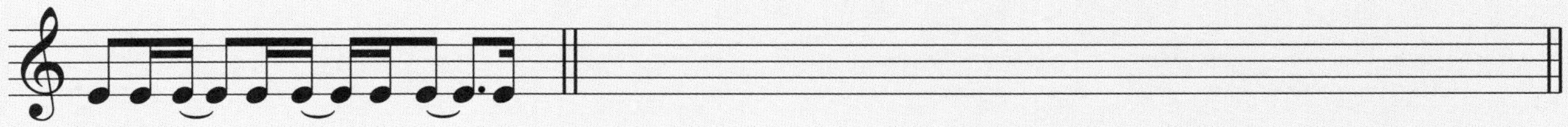

(3)

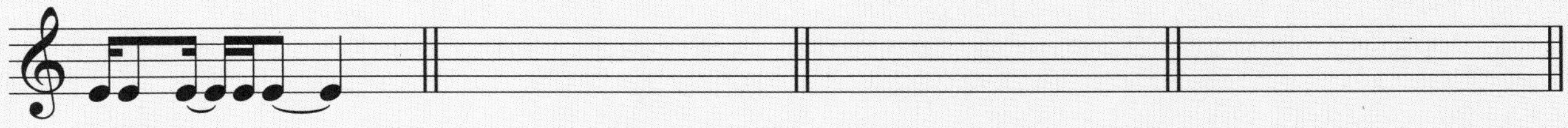

| Can you feel the love tonight

Original Key B♭ / 3~10마디

Date. _______________

01 음정분석과 시창·청음

Song by Elton John

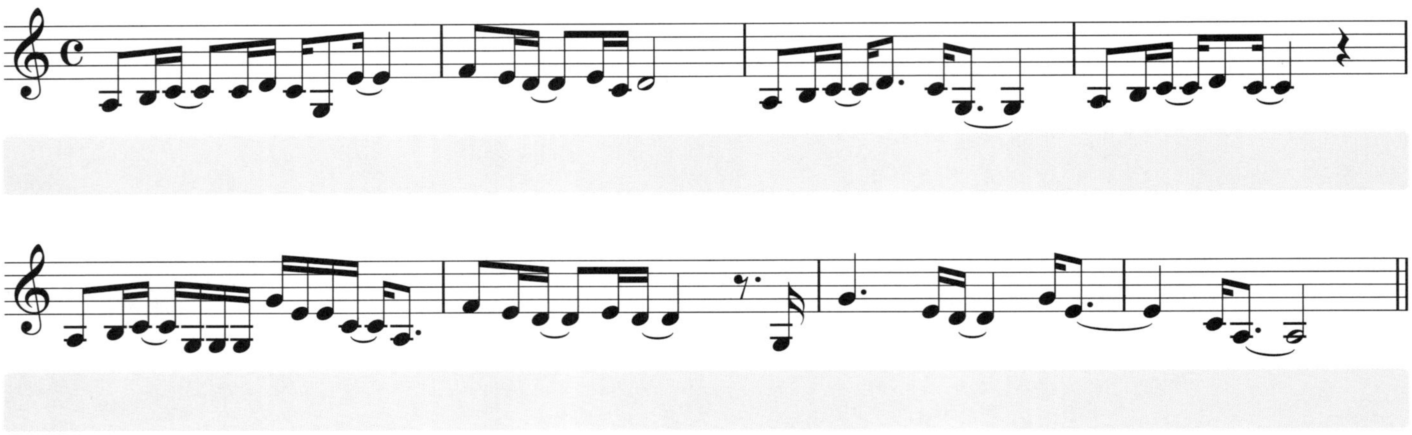

02 리듬연습

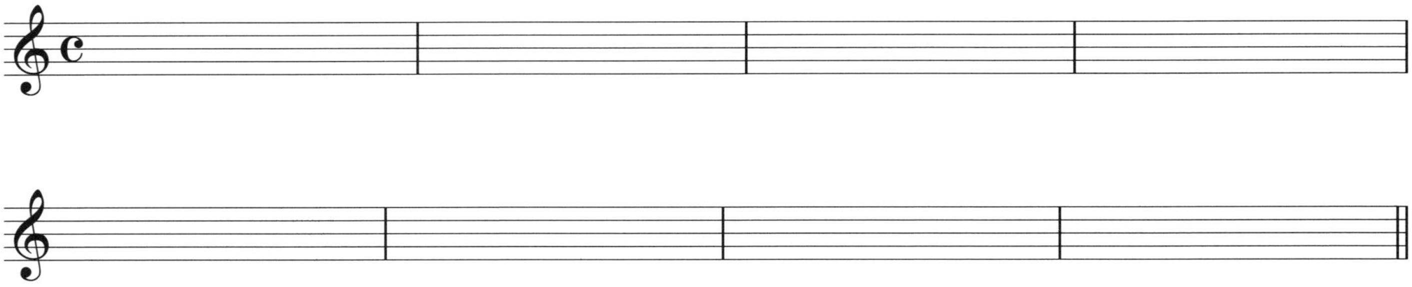

03 B♭ Key로 조옮김

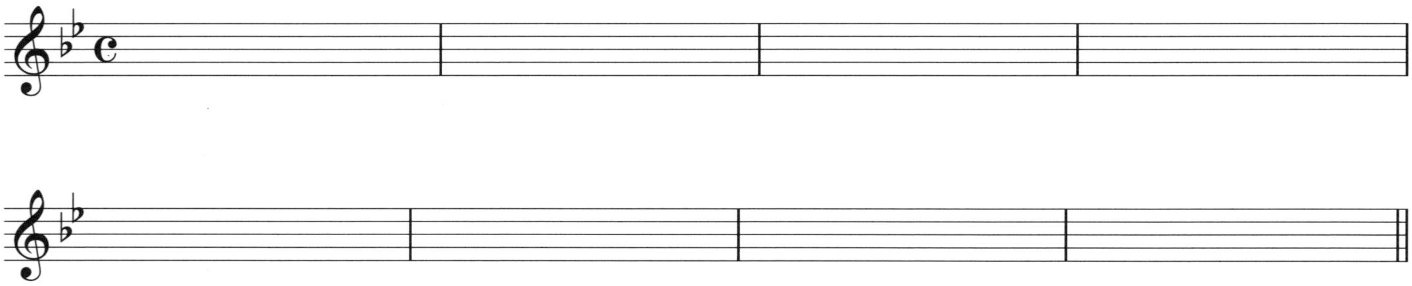

Alone again

Original Key F / 1~8마디

Date. _______________

01 음정분석과 시창·청음

Song by Gilbert O'Sullivan

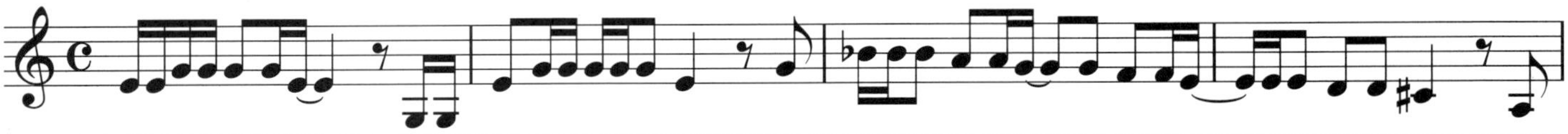

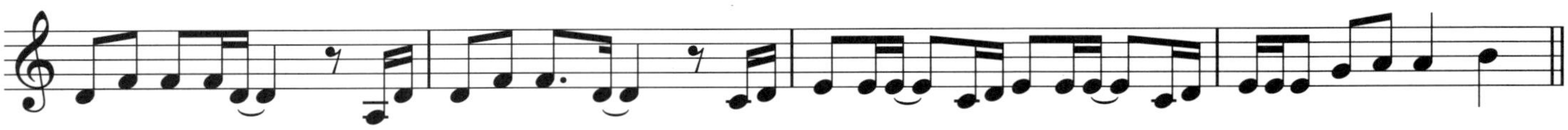

02 리듬연습

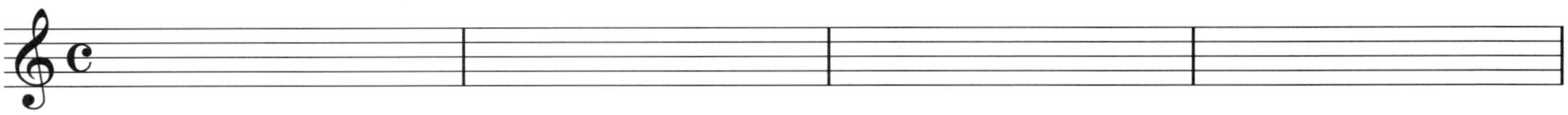

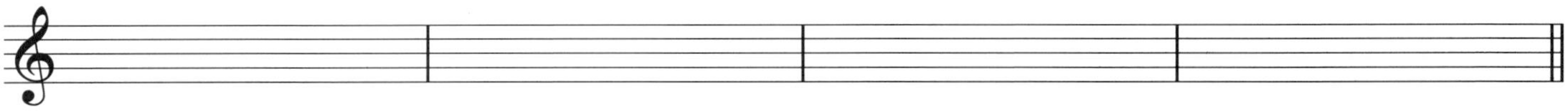

03 F Key로 조옮김

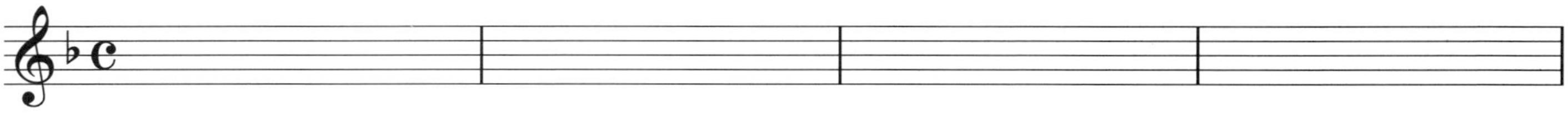

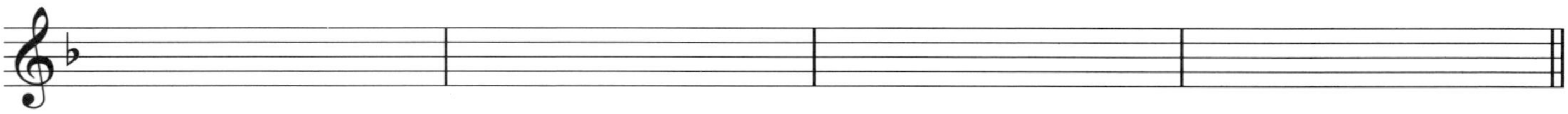

Hello   **Original Key** Am / 5~12마디

Date. ___________

01 음정분석과 시창 · 청음

Song by Lionel Richie

02 리듬연습

Tip ●●●

(1) 임시표가 붙은 음은 헷갈리기 쉬우므로 시창하기 전에 멜로디를 충분히 들어서 익숙하게 한다.

(2) 쉼표가 많으므로 시창 · 청음을 꼼꼼히 한다.

(3) 어려운 리듬 따라잡기

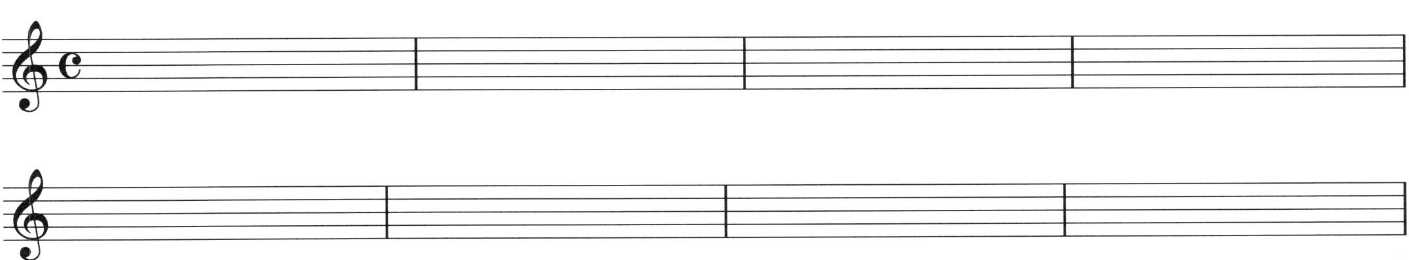

|Honesty

Original Key B♭ / 5~12마디, 마지막 8마디

01 음정분석과 시창·청음

Date. ______________

① 1~8마디

Song by Billy Joel

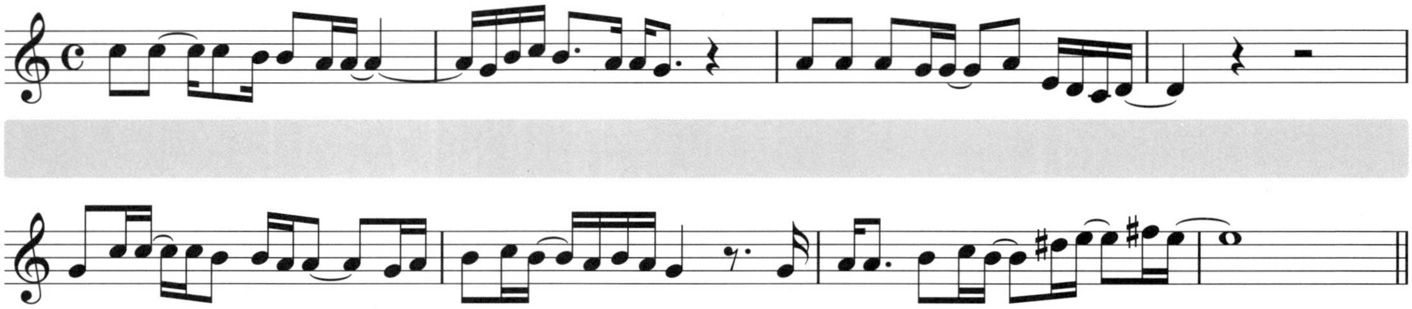

② 마지막 8마디

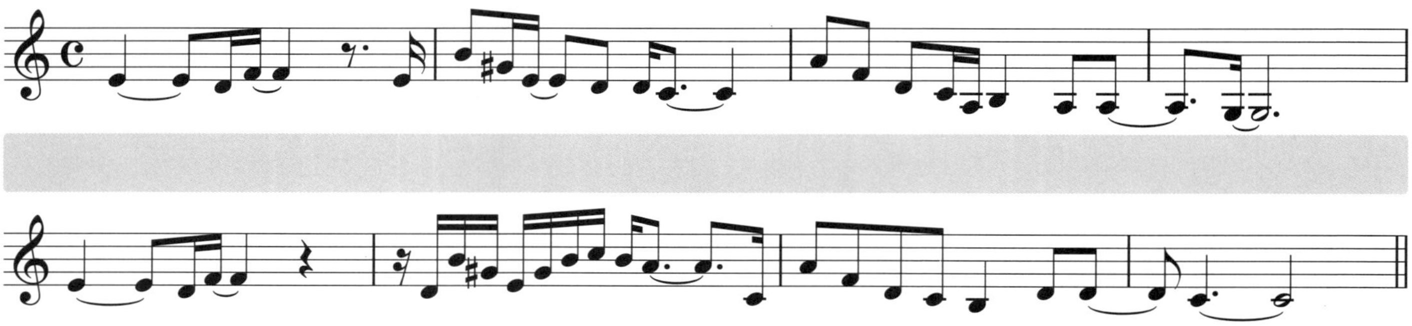

02 리듬연습

① 1~8마디

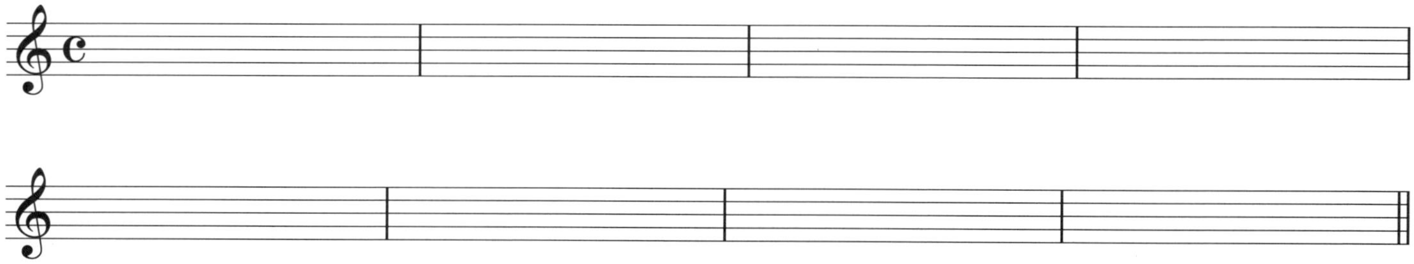

② 마지막 8마디

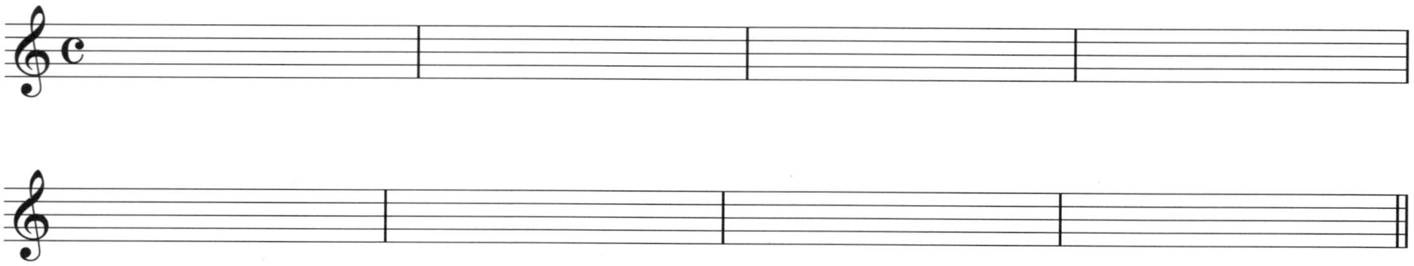

03 B♭ Key로 조옮김

① 1~8마디

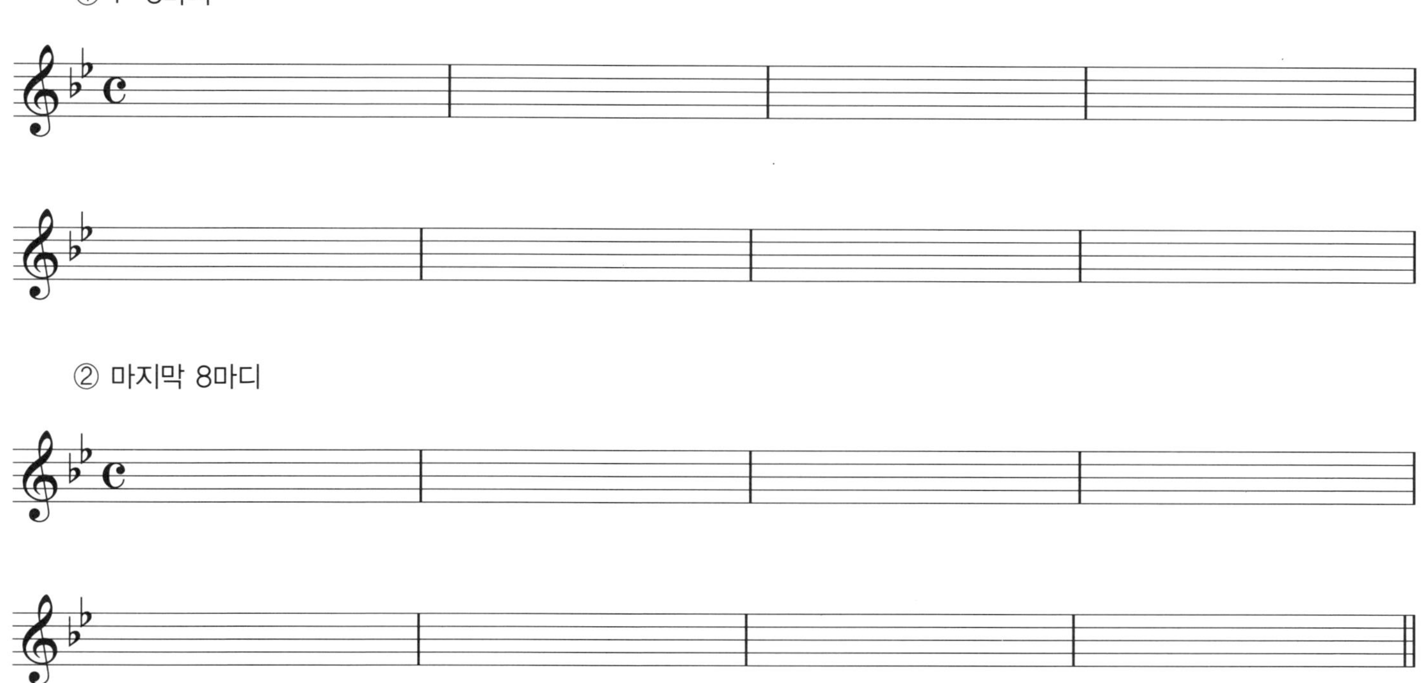

② 마지막 8마디

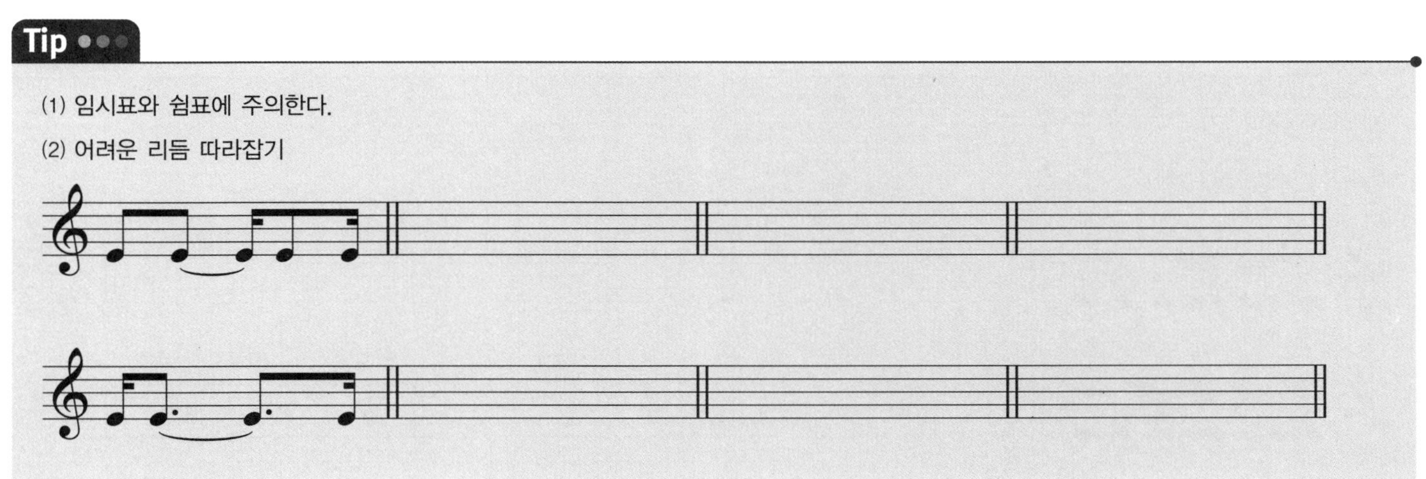

Billie Jean Original Key F♯m / 21~28마디

Date. _______________

01 음정분석과 시창 · 청음

Song by Michael Jackson

02 리듬연습

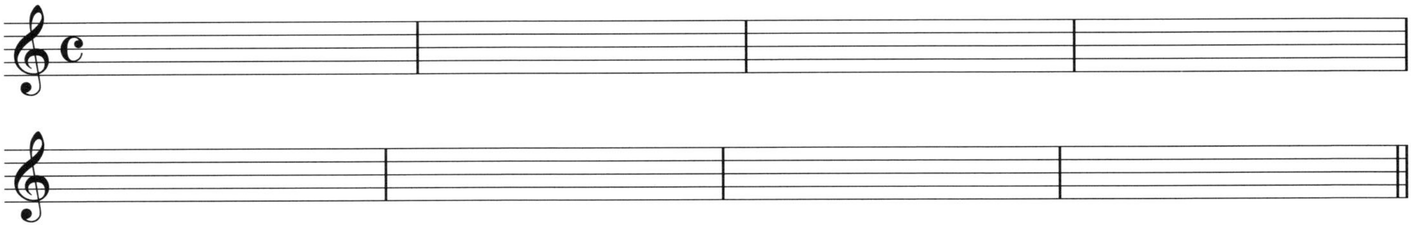

03 F♯m key로 조옮김

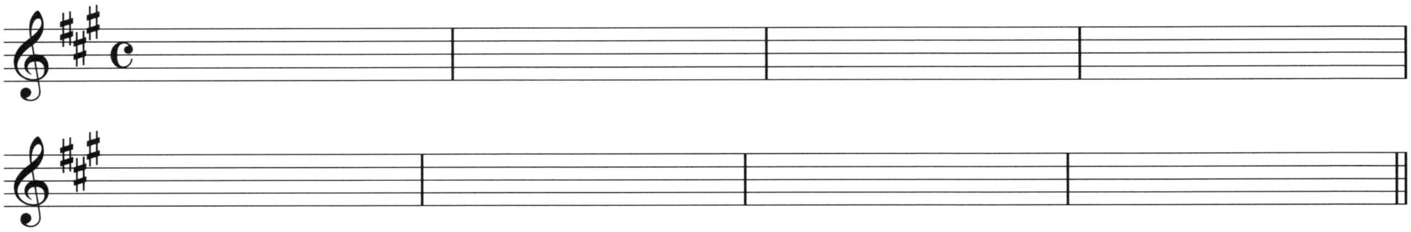

Tip ●●●

• ★ 리듬 주의하기

• 어려운 리듬 따라잡기

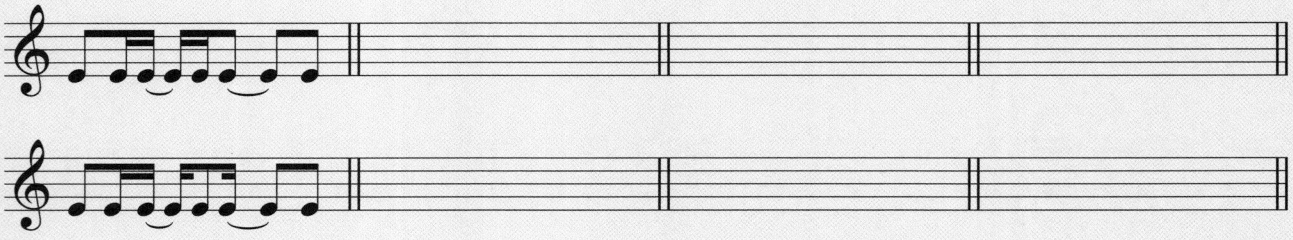

CD Track **44**

Smile again

Original Key Em / 10~18마디

Date. _______________

01 음정분석과 시창 · 청음

Song by Newton Family

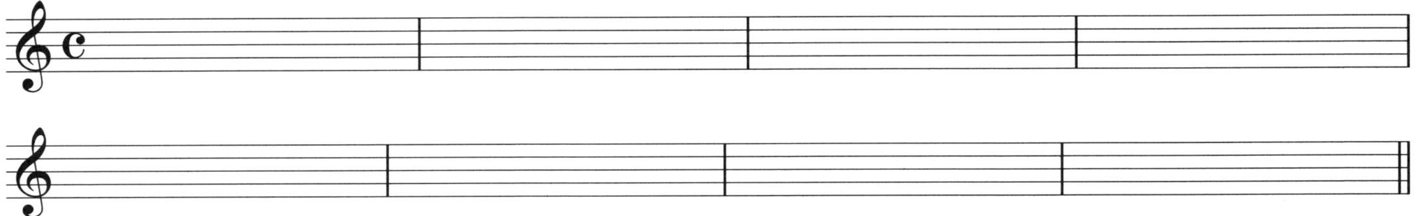

02 리듬연습

03 Em Key로 조옮김 (G장조의 나란한 조)

Tip ●●●

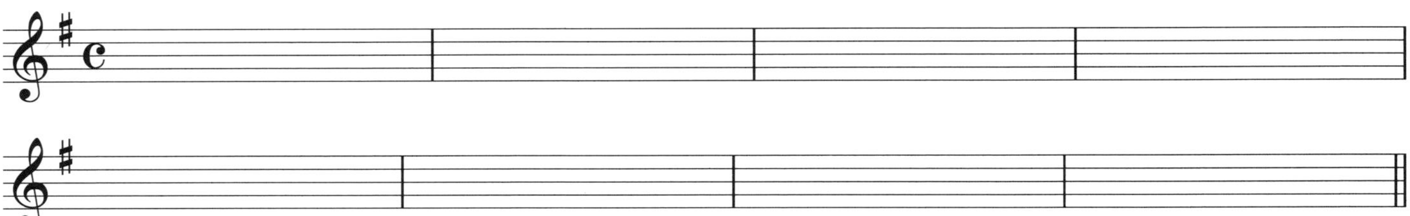

· 어려운 리듬 따라잡기

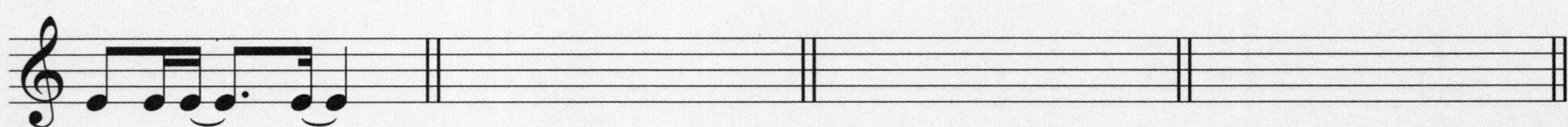

· Ⓐ의 리듬을 로 혼동하기 쉬우므로 주의한다.

· Ⓑ의 리듬을 로 혼동하기 쉬우므로 주의한다.

CD Track 45

Greatest love of all

Original Key A / 12~19마디

Date. ______________

01 음정분석과 시창 · 청음

Song by Whitney Huston

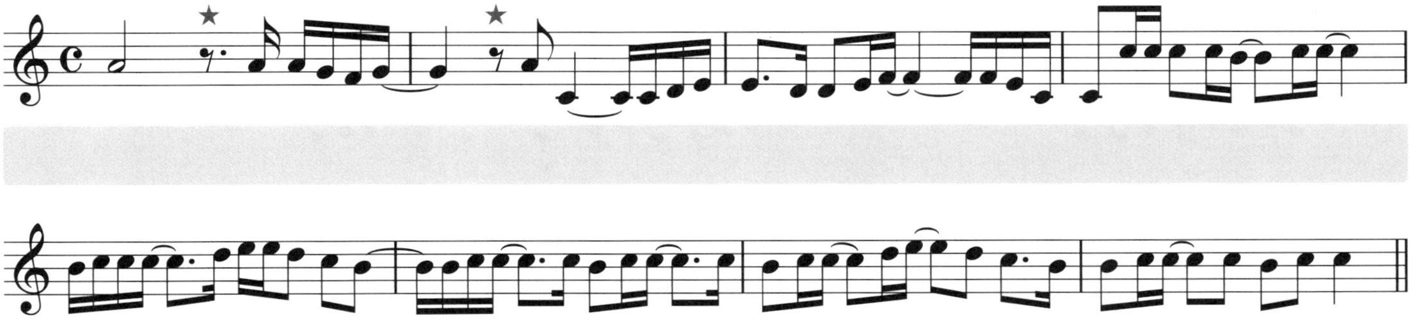

02 리듬연습

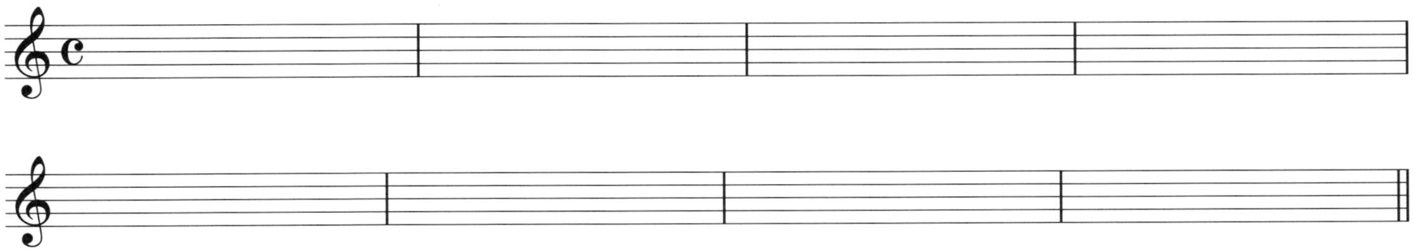

03 A Key로 조옮김

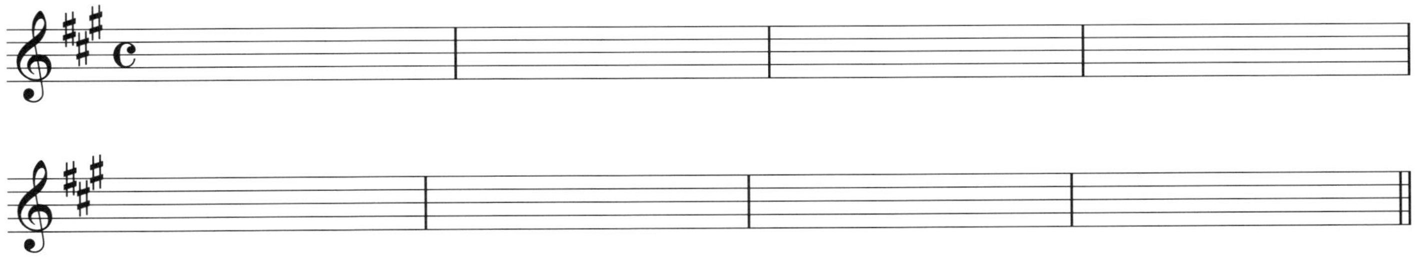

Tip

- ★부분의 쉼표에 주의
- 어려운 리듬 따라잡기

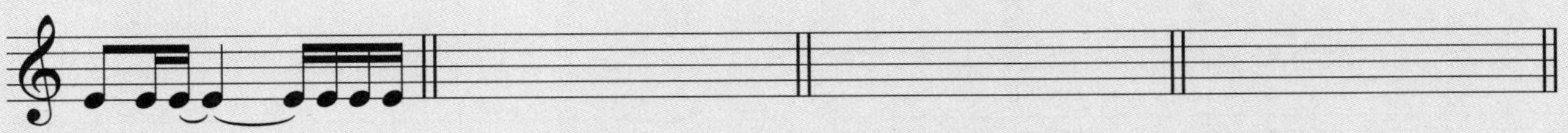

|We are the world `Original Key` E / 9~16마디, 17~24마디

01 음정분석과 시창·청음

Date. ___________

① 9~16마디

Song by U.S.A. for Africa

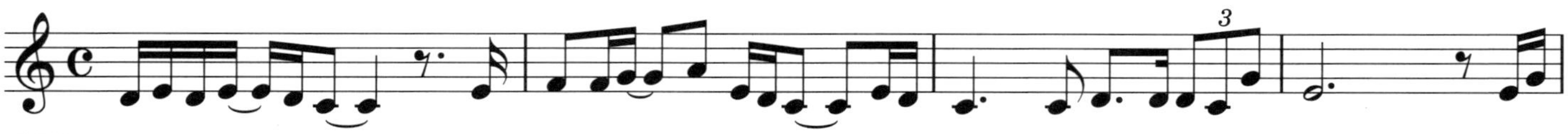

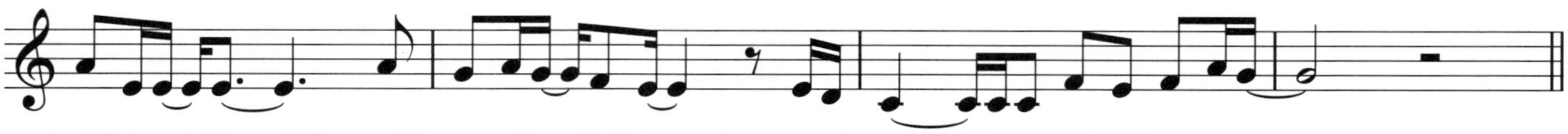

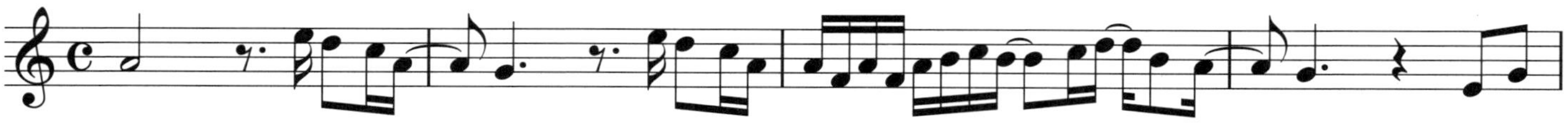

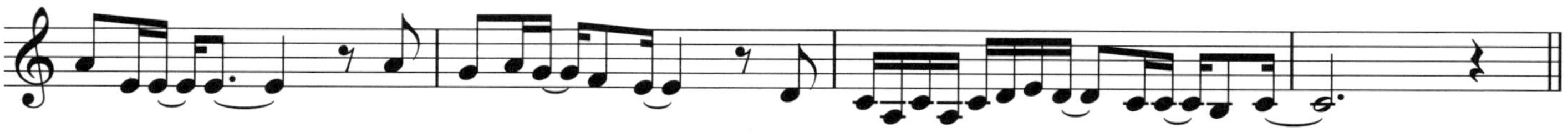

02 리듬연습

① 9~16마디

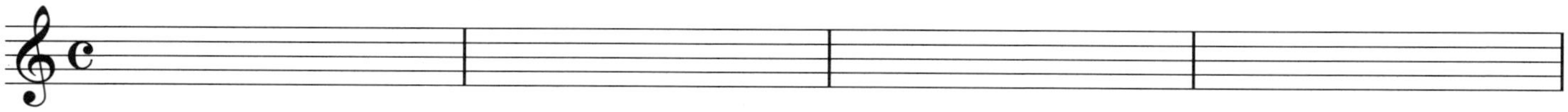

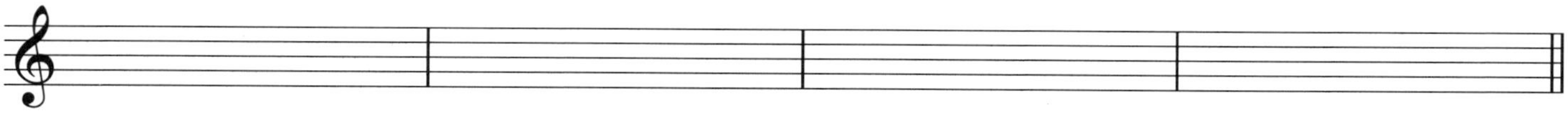

② 17~24마디

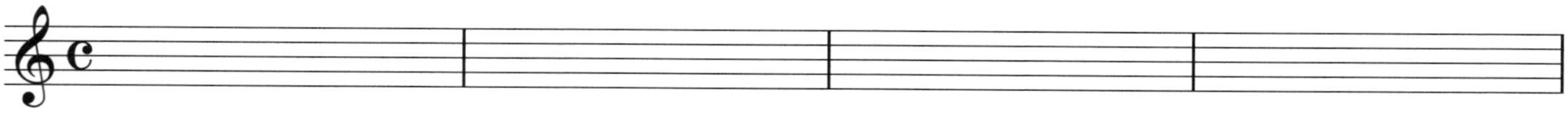

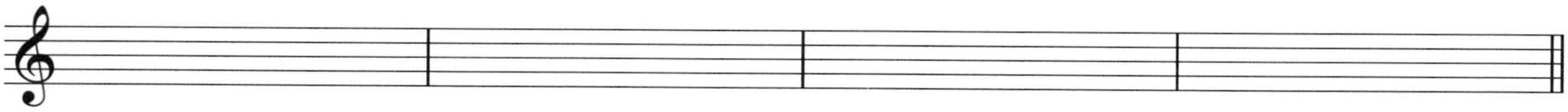

03 E Key로 조옮김 (38p Tip 참조)

① 9~16마디

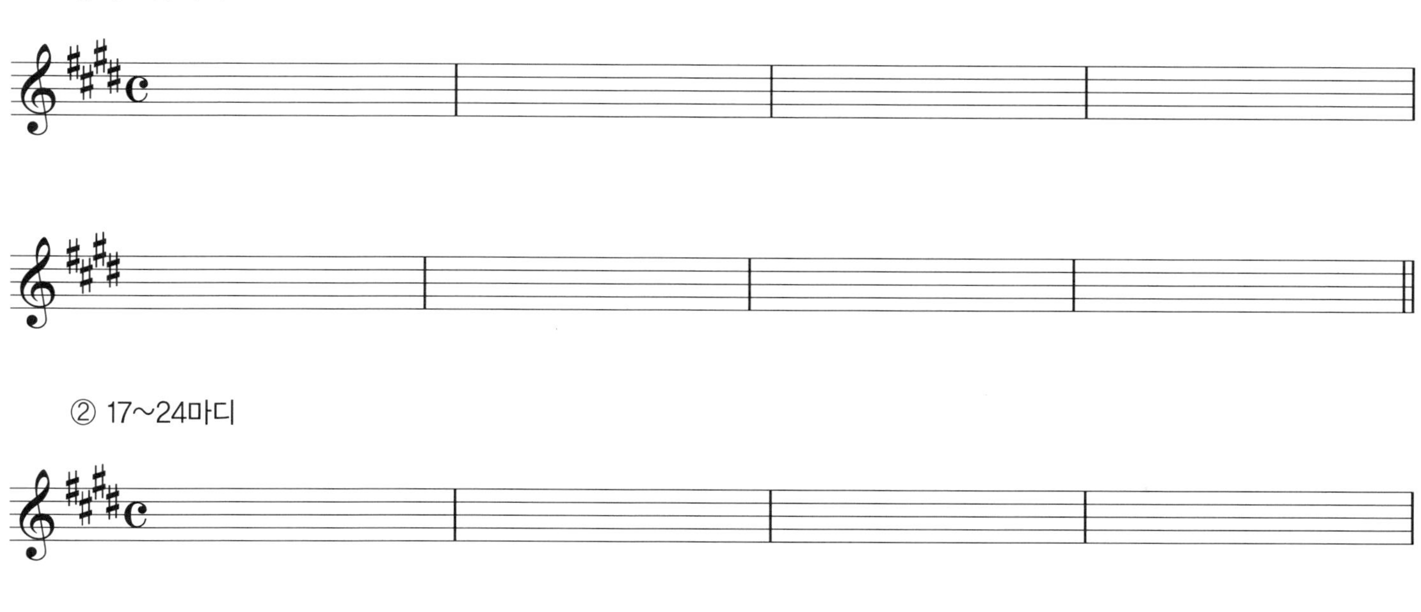

② 17~24마디

You are not alone

Original Key B / 5~12마디

Date. ___________

Song by Michael Jackson

01 음정분석과 시창·청음

★

02 리듬연습

03 B key로 조옮김

Tip ●●●

• 어려운 리듬 따라잡기

리듬이 어려워 보일 수 있지만 3마디의 리듬이 같고, 5, 7마디가 같다.

• ★리듬은 다섯째 마디와 첫째 마디 리듬이 합쳐진 것으로 따라 그려보자.

CD Track **49, 50**

I believe I can fly

Original Key C / 7~14마디, 14~21마디

01 음정분석과 시창·청음

Date. ______________

① 7~14마디

Song by R. Kelly

② 14~21마디

02 리듬연습

① 7~14마디

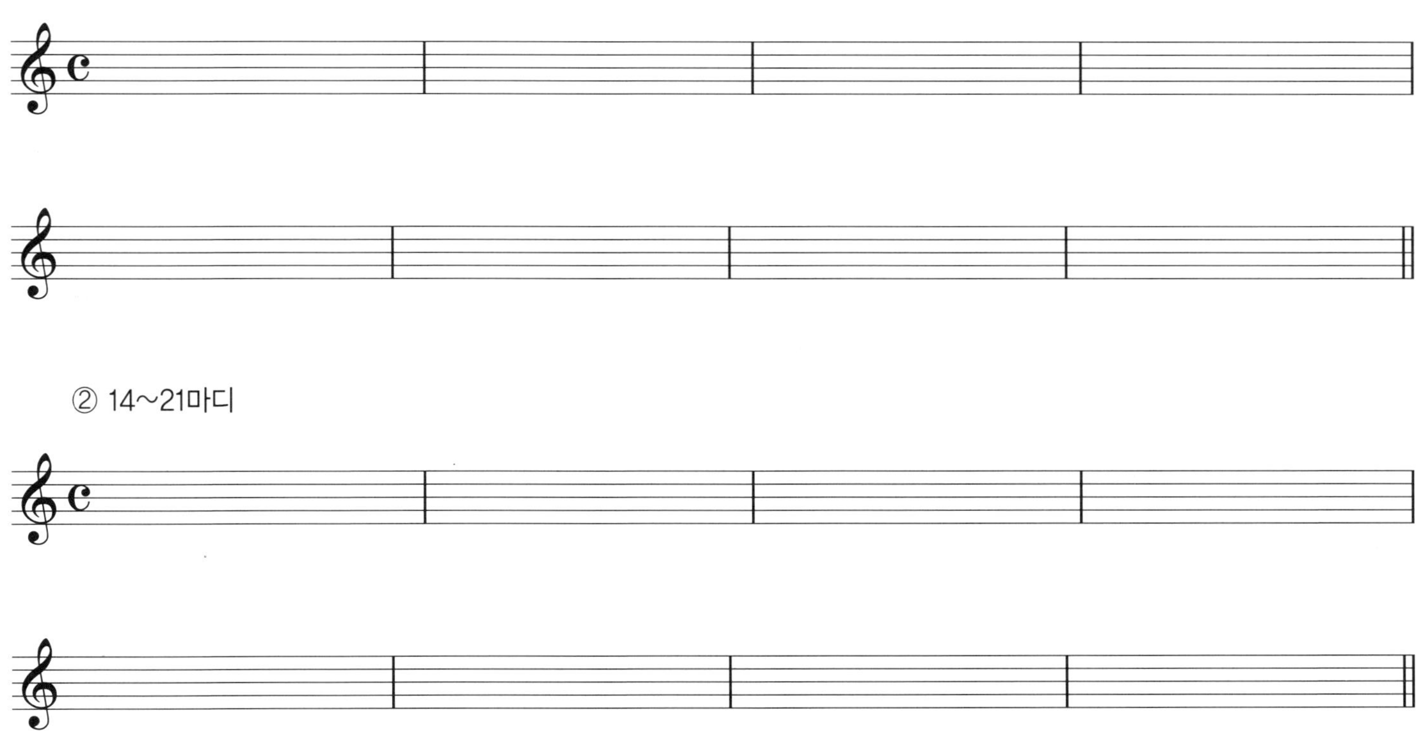

② 14~21마디

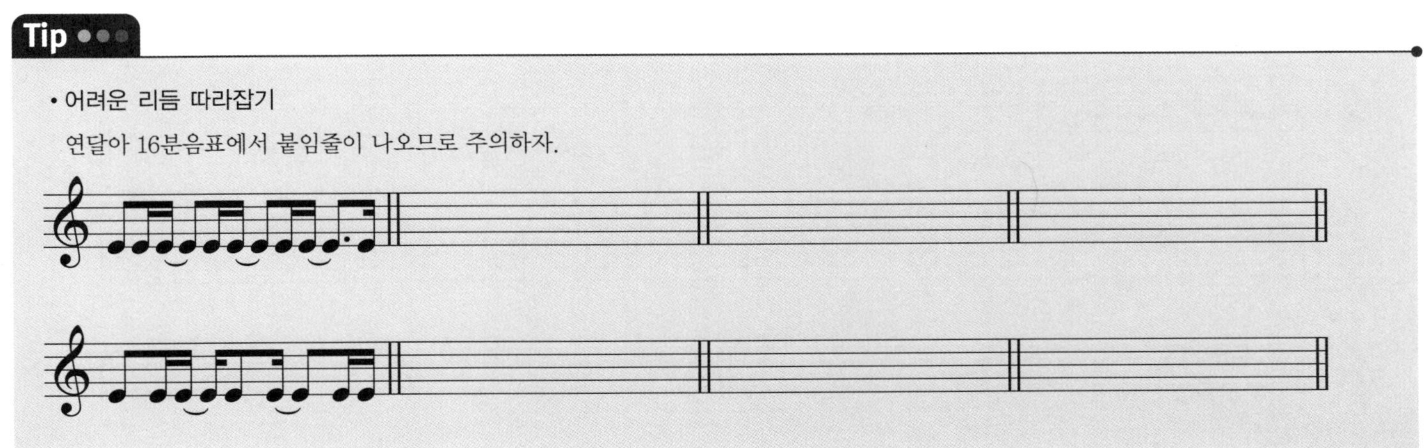

| **Forever more** **Original Key** Fm / 13~20마디

Date. ______________

01 음정분석과 시창 · 청음

Song by James Ingram

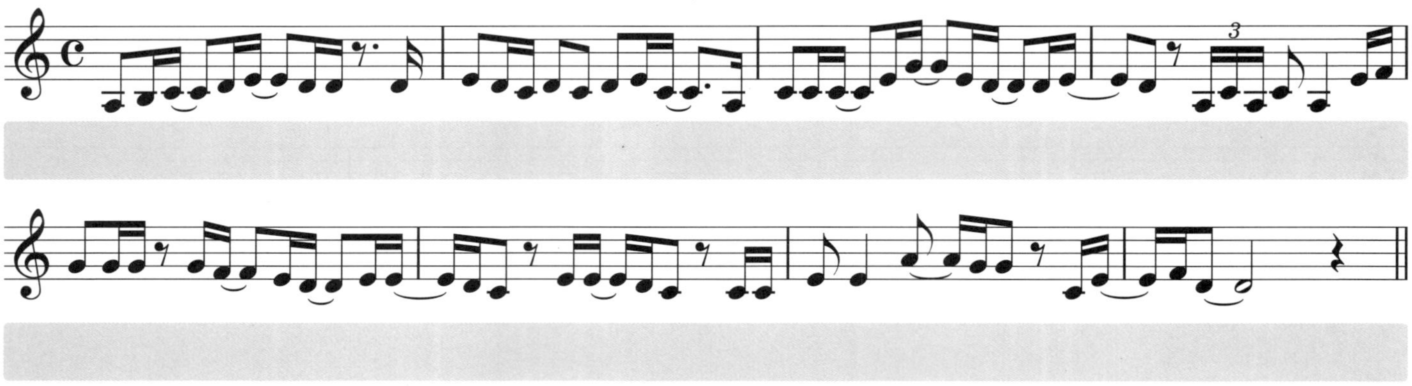

02 리듬연습

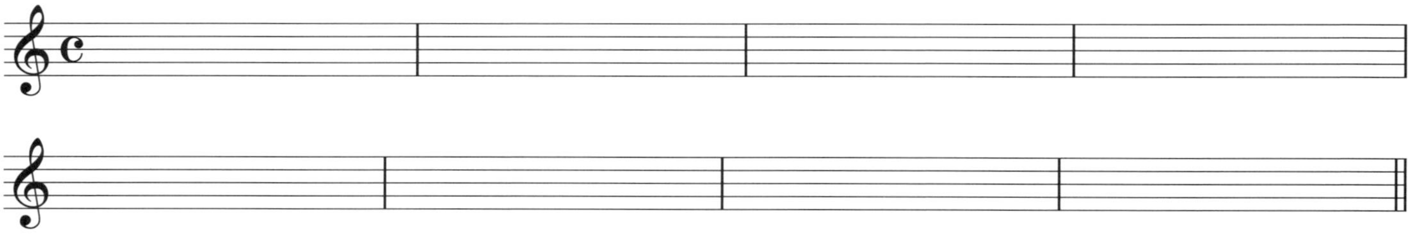

03 Fm Key로 조옮김

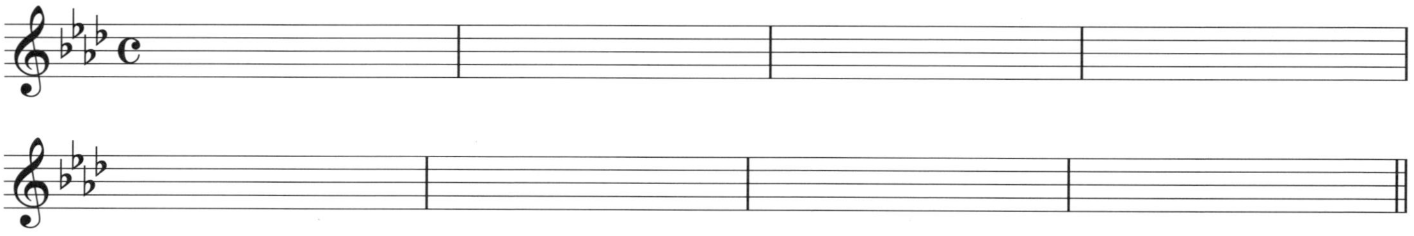

Tip •••

• 어려운 리듬 따라잡기

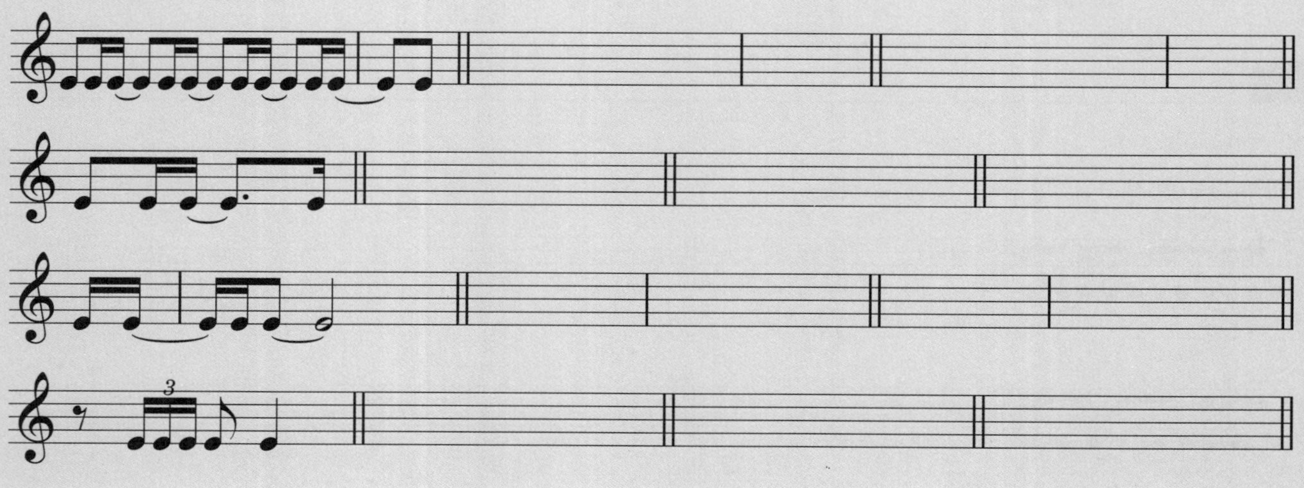

Before your love **Original Key** A♭ / 11~18마디

Date. _______________

01 음정분석과 시창 · 청음

Song by Kelly Clarkson

02 리듬연습

03 A♭ Key로 조옮김   이 곡 시작은 B Key지만 11마디부터 A♭ Key로 전조된다.

Tip ●●●

- ★부분은 붙임줄로 이어진 당김음이 연달아 나오므로 자세히 듣고 ♪♫, ♫♪, ♫♫ 리듬을 그려보자.

| Nothing's gonna change my love for you

Original Key C / 5~12마디

Date. ___________

01 음정분석과 시창 · 청음

Song by Glenn Medeiros

02 리듬연습

Tip ● ● ●

• 악보만 보면 다소 어렵게 느낄 수 있지만 주로 ♪♫ 와 ♫♪ 리듬이 붙임줄로 연결되고 멜로디와 리듬 패턴이 비슷하므로 CD를 충분히 듣는다.

Just once **Original Key** C / 13~20마디

Date. ________________

01 음정분석과 시창 · 청음

Song by James Ingram

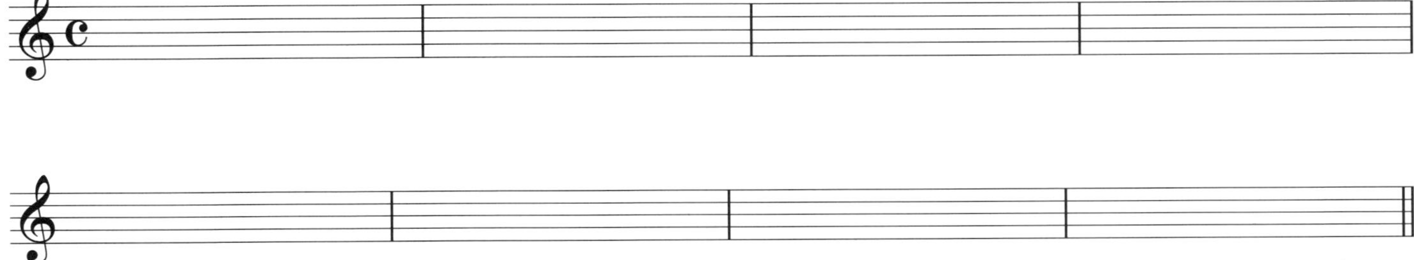

02 리듬연습

Tip ●●●

• 연속으로 16분음표에 붙임줄이 있는 경우 멜로디를 집중으로 듣는다.

• 어려운 리듬 따라잡기

• ★리듬 연습하기

CD Track 55

I will survive

Original Key Am / 1~8마디

Date. _______________

01 음정분석과 시창 · 청음

Song by Gloria Gaynor

02 리듬연습

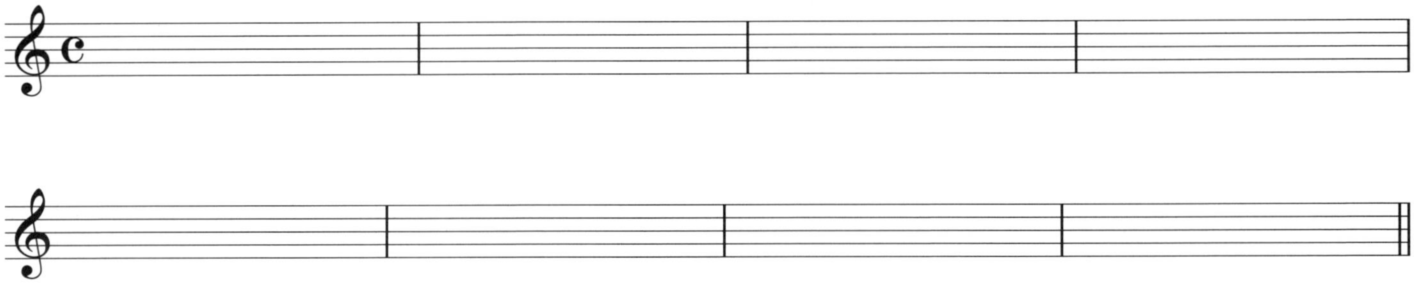

Tip ●●●

• 어려운 리듬 따라잡기

CD Track 56

For once in my life

Original Key F / 1~8마디

Date. ______________

01 음정분석과 시창 · 청음

Song by Stevie Wonder

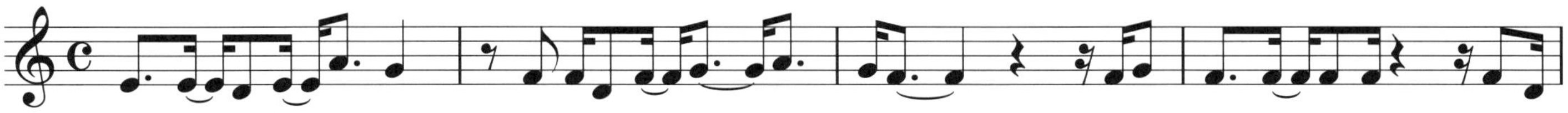

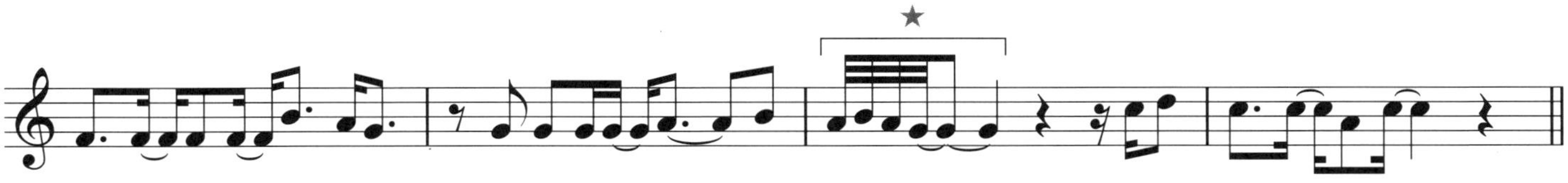

02 리듬연습

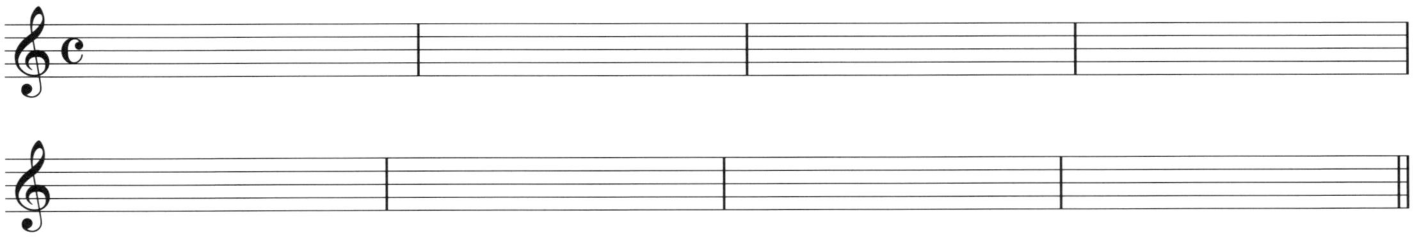

03 F Key로 조옮김

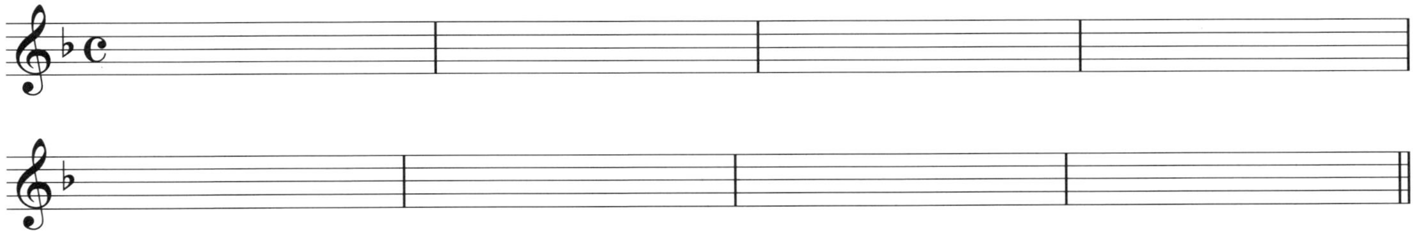

Tip

• 어려운 리듬 따라잡기

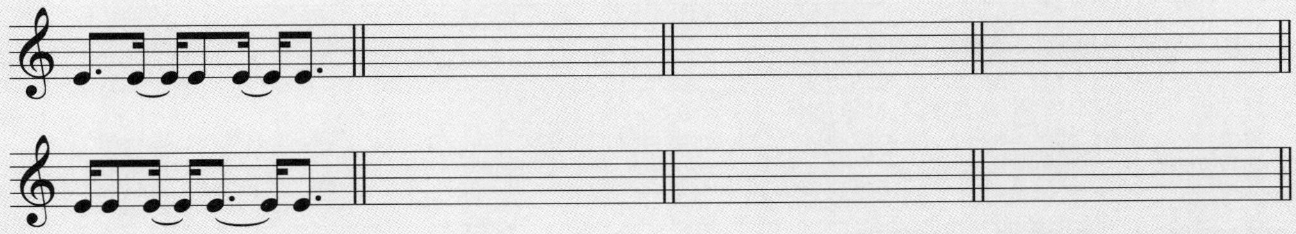

• ★리듬은 빨리 지나가므로 주의해서 듣는다.

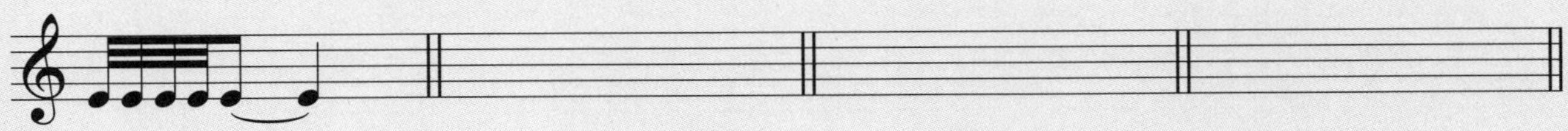

CD Track 57

Heal the world

Original Key A / 5~12마디

Date. ______________

01 음정분석과 시창 · 청음

Song by Michael Jackson

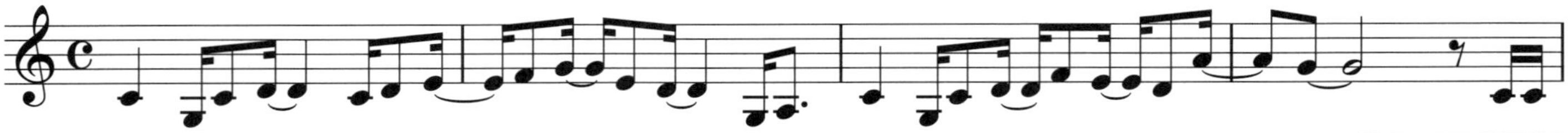

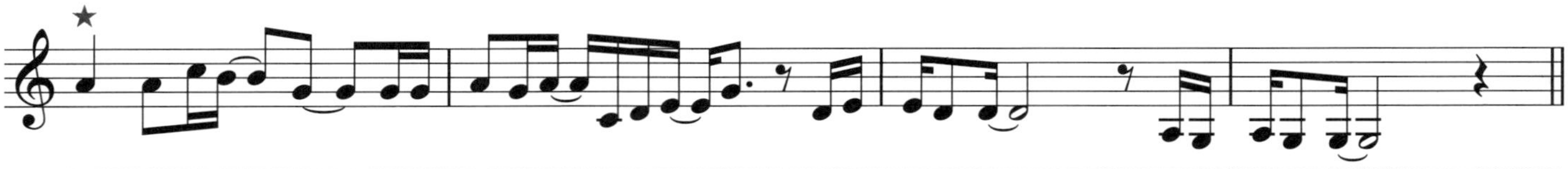

02 리듬연습

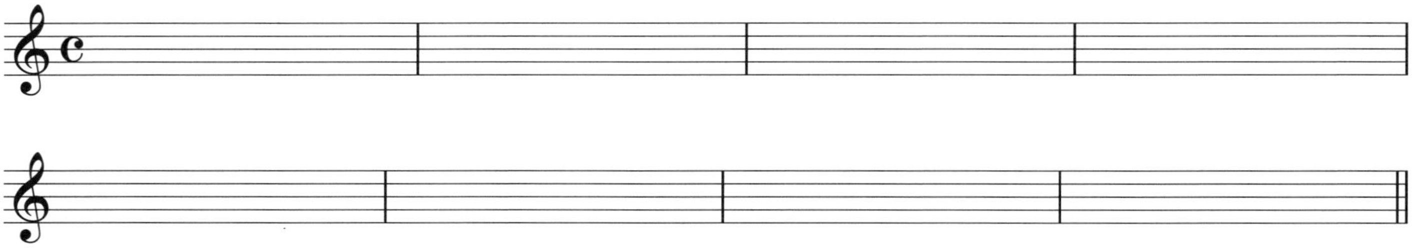

03 A Key로 조옮김

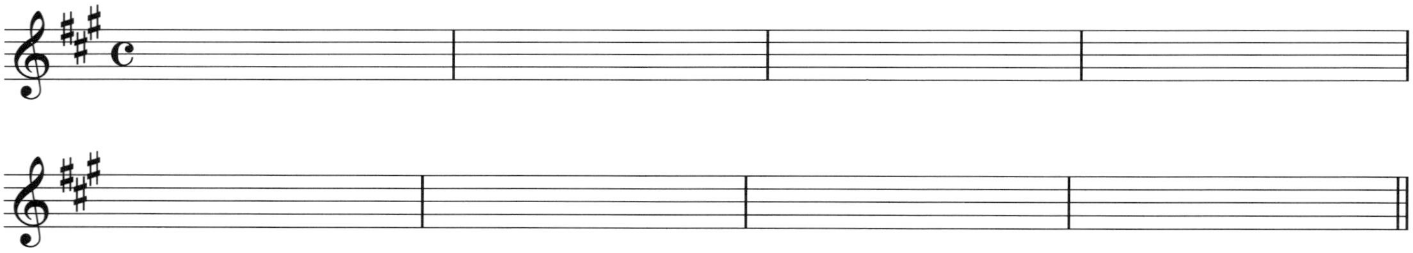

Tip

- ★음은 시창 · 청음이 용이하도록 추가한 음이다.
- ♫♩당김음이 계속 나오므로 CD를 잘 듣고 시창 · 청음 시 주의한다.
- 어려운 리듬 따라잡기

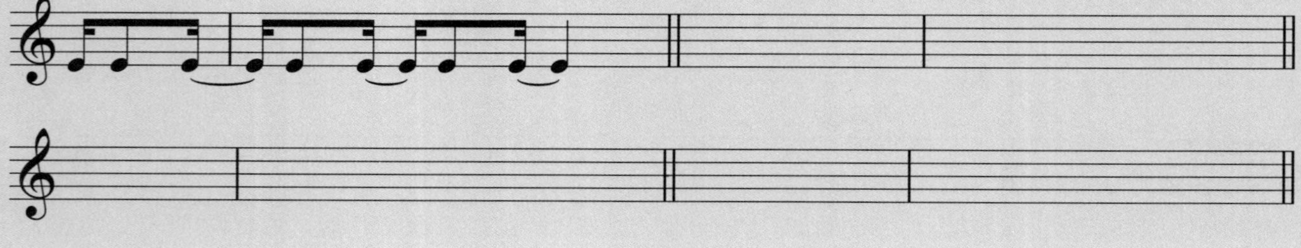

CD Track 58

You needed me

Original Key G / 14~22마디

Date. ______________

01 음정분석과 시창 · 청음

Song by Anne Murray

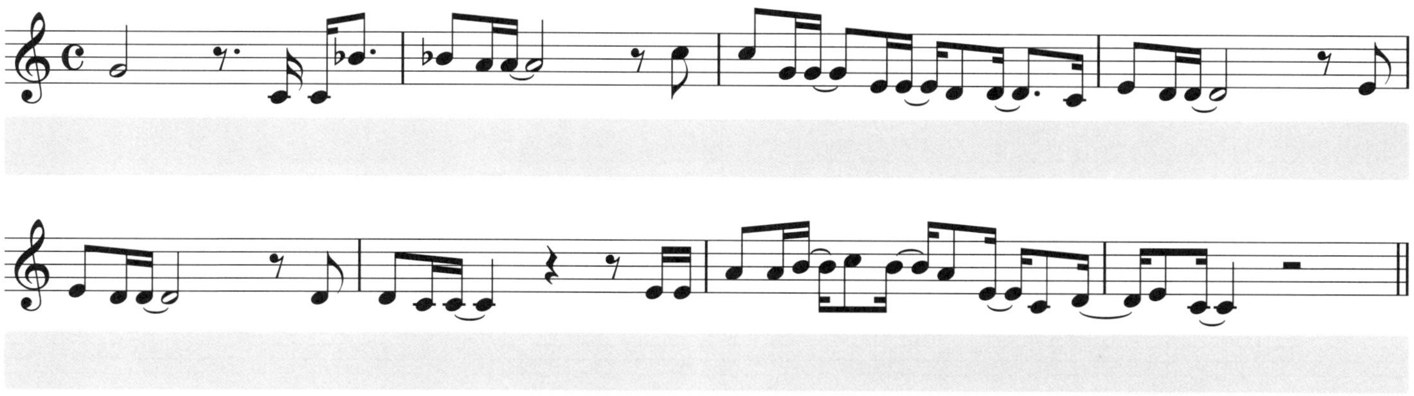

02 리듬연습

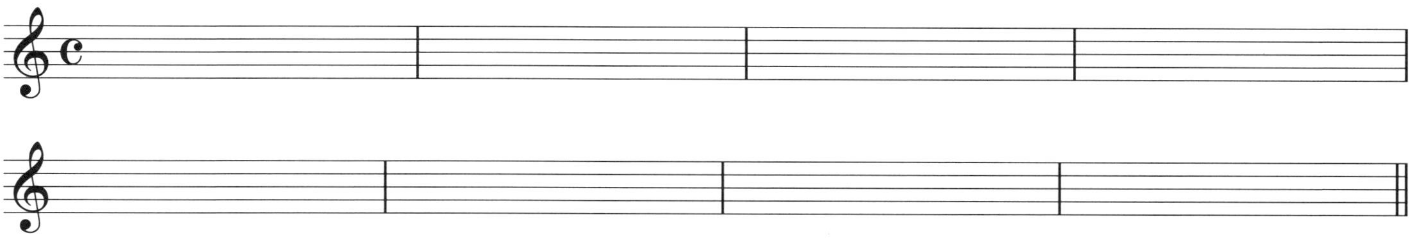

03 G Key로 조옮김

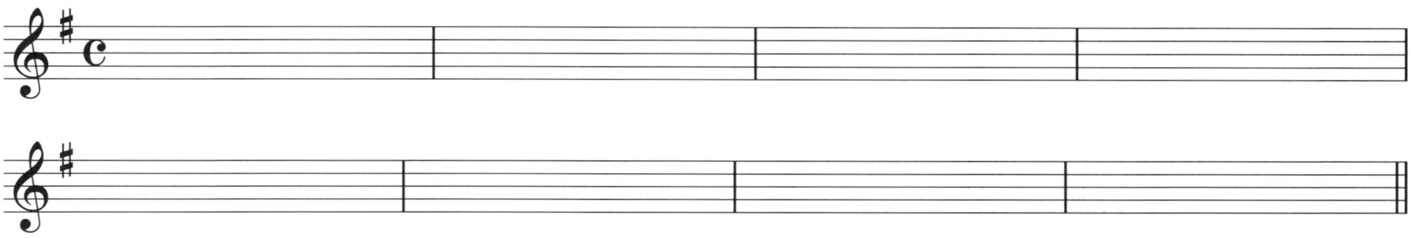

Tip

• 어려운 리듬 따라잡기

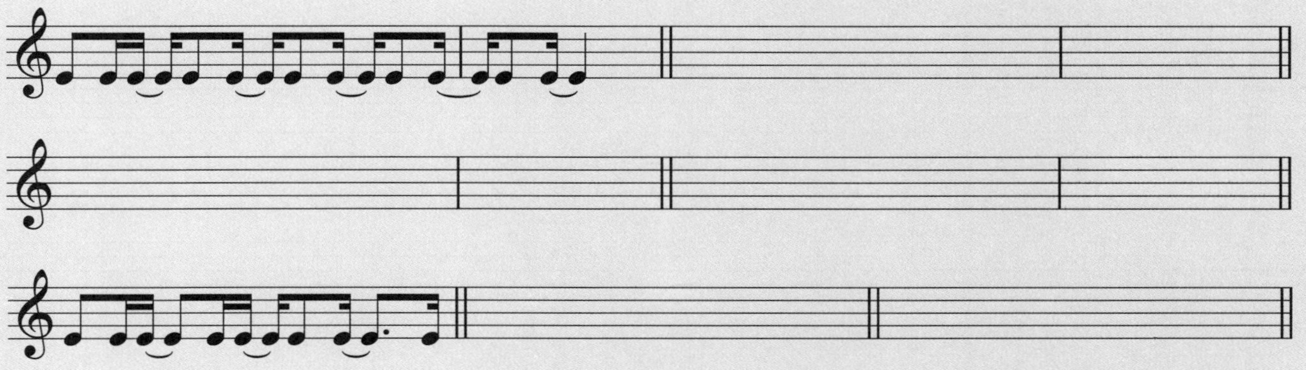

• 당김음이 연속으로 나오므로 박이 밀리지 않도록 CD를 충분히 듣고 악보를 그려본 후, 청음한다.

제14장 복잡한 멜로디와 리듬이 있는 당김음 연습

CD Track 59

Why goodbye

Original Key D / 1~8마디

Date. ______________

01 음정분석과 시창 · 청음

Song by Peabo Bryson

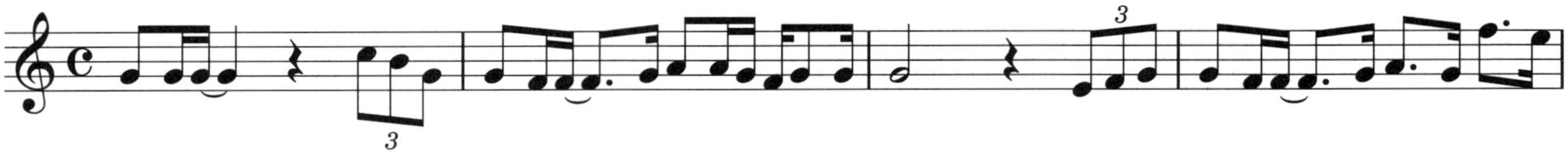

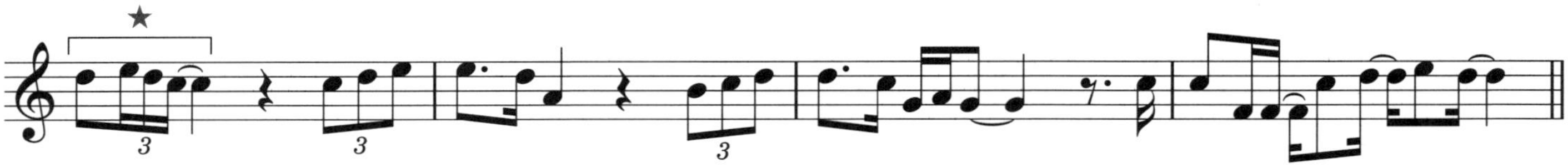

02 리듬연습

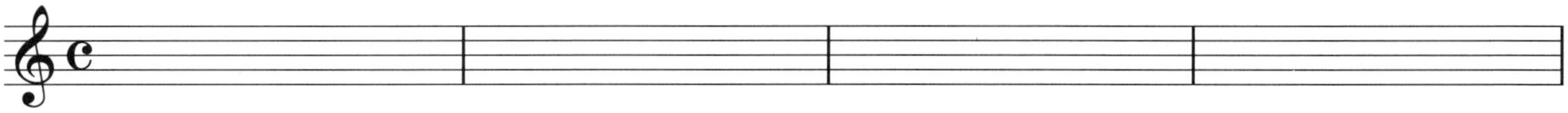

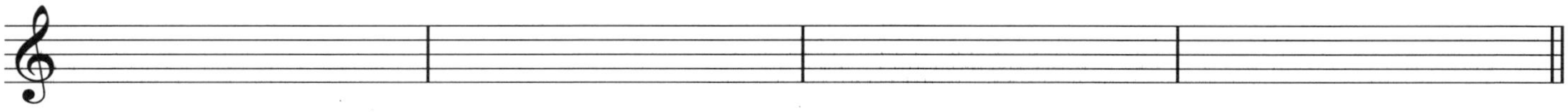

03 D Key로 조옮김

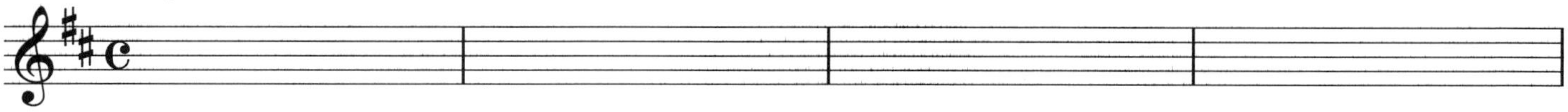

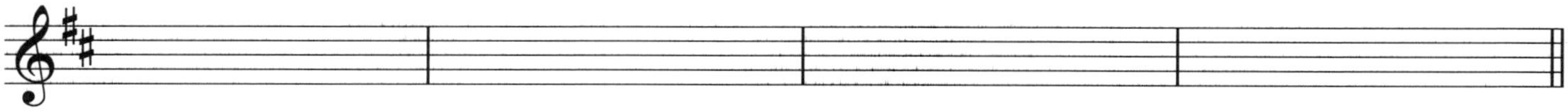

Tip

• ★의 리듬에 주의하자.

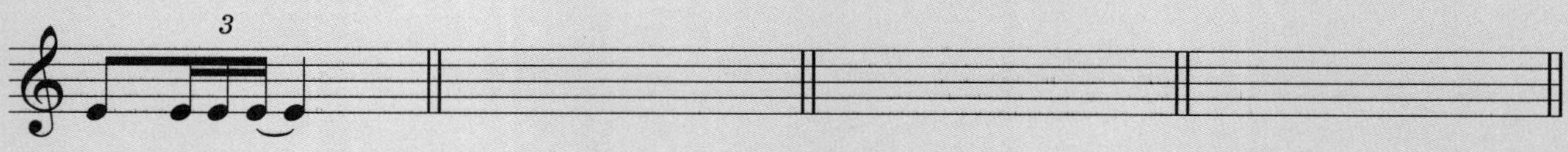

• 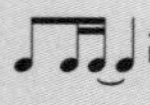리듬과 혼동될 수 있으니 CD를 충분히 듣고 귀에 익숙해지면 시창 · 청음한다.

CD Track 60

How am I supposed to live without you

Original Key B♭ / 2~10마디(4마디 제외)

Date. ____________

01 음정분석과 시창 · 청음

Song by Michael Bolton

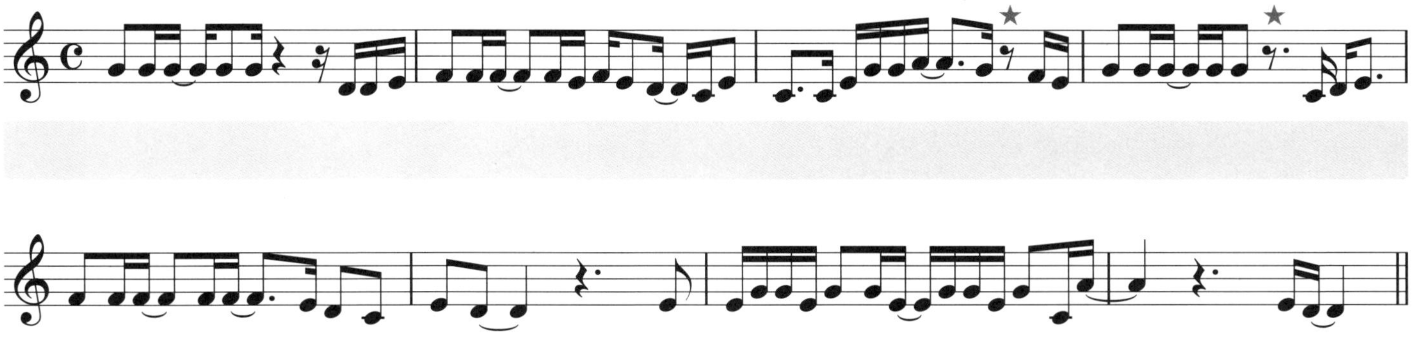

02 리듬연습

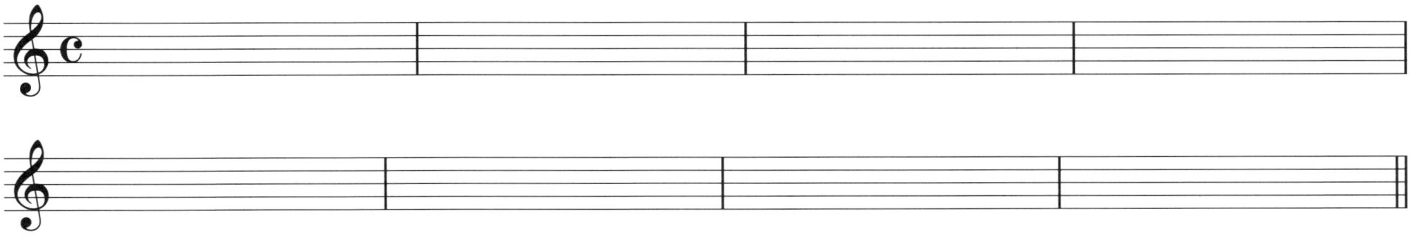

03 B♭ Key로 조옮김

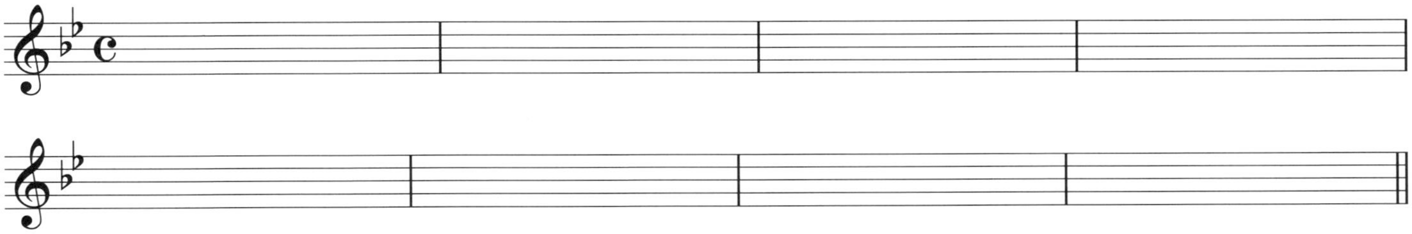

Tip

- ★는 쉼표에 주의한다.
- 어려운 리듬 따라잡기

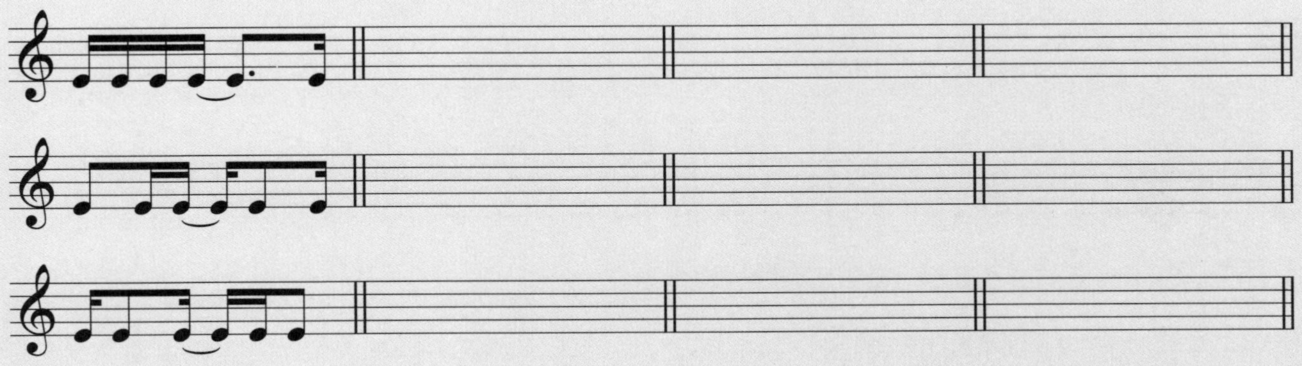

CD Track 61

What's up

Original Key A / 5~12마디

Date. ______________

01 음정분석과 시창 · 청음

Song by 4 Non Blondes

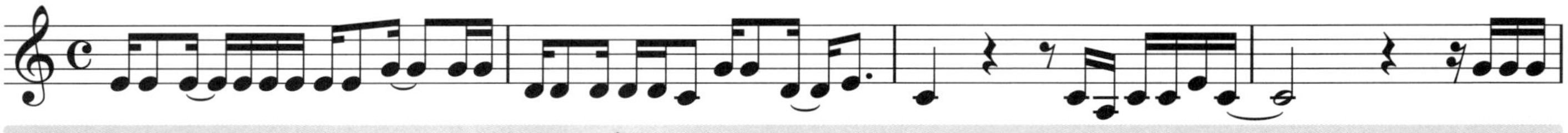

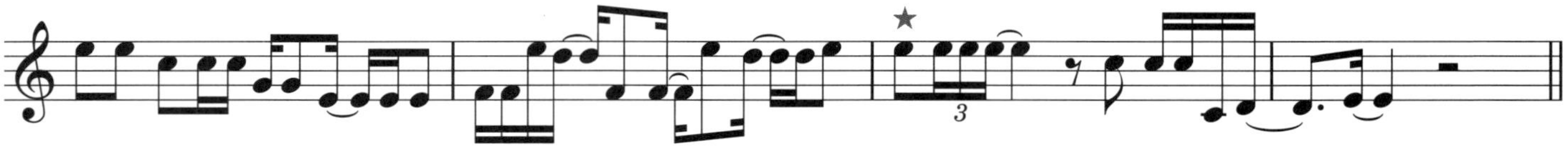

02 리듬연습

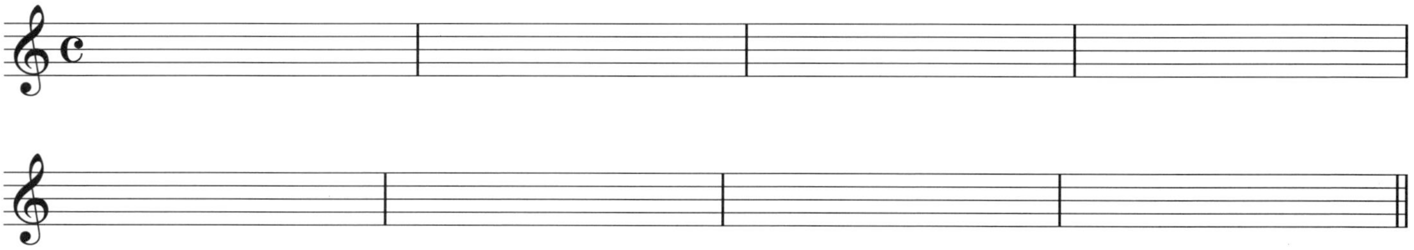

03 A Key로 조옮김

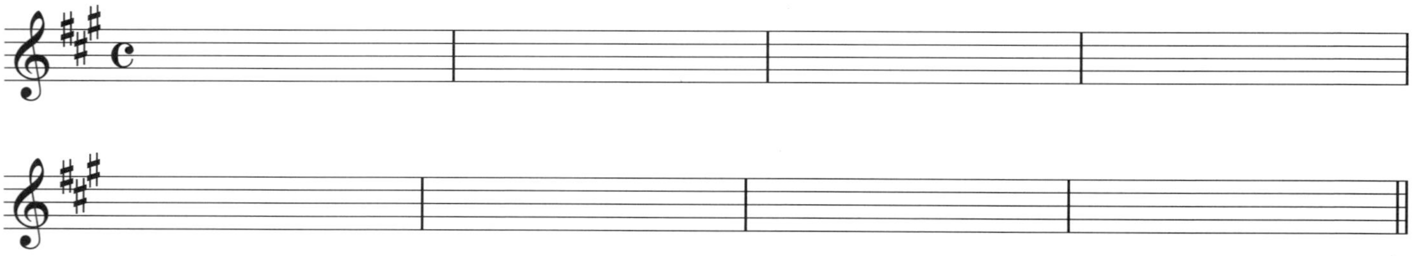

Tip

• 어려운 리듬 따라잡기

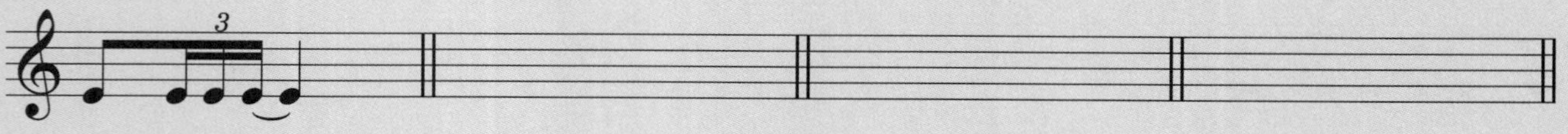

↑ 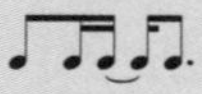 의 리듬과 헷갈리지 않도록 CD를 듣고 따라 그려본다.

• ★음은 청음을 좀 더 쉽게 하기위해 추가한 음이다.

Hero **Original Key** E / 9~16마디

Date. ______________

01 음정분석과 시창·청음

Song by Mariah Carey

02 리듬연습

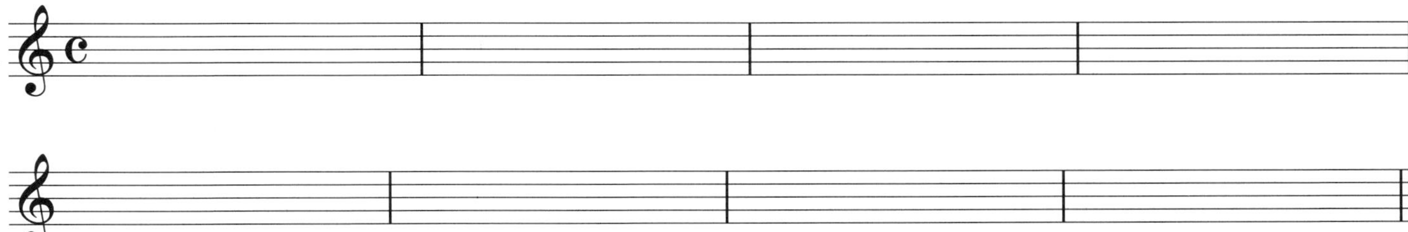

03 E Key로 조옮김

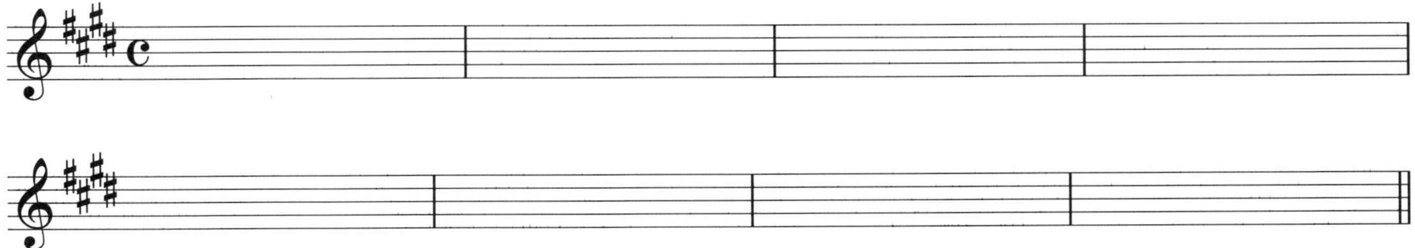

Tip ●●●

• 음표가 많아서 리듬이 복잡해 보이지만 ♫♫ 리듬 패턴이 자주 나온다.

• 어려운 리듬 따라잡기

| All at once   Original Key B♭ / 8~16마디(12마디 제외)

Date. ______________

01 음정분석과 시창 · 청음

Song by Whitney Huston

02 리듬연습

03 B♭ Key로 조옮김

Tip ●●●

• 원곡의 12마디는 $\frac{2}{4}$박자로 변박되기 때문에 헷갈릴 수 있어서 제외하였다.

• 이 곡은 리듬이 많이 나눠져 있고 멜로디도 많이 움직이기 때문에 원곡과 CD를 많이 듣고 멜로디가 익숙한 상태에서 리듬을 받아 적는 것이 좋다.

• 어려운 리듬 따라잡기

CD Track 64, 65

It's so hard to say goodbye to yesterday

Original Key E / 1~8마디, 9~16마디

01 음정분석과 시창 · 청음

Date. ___________

① 1~8마디

Song by Boys II Men

② 9~16마디

02 리듬연습

① 1~8마디

② 9~16마디

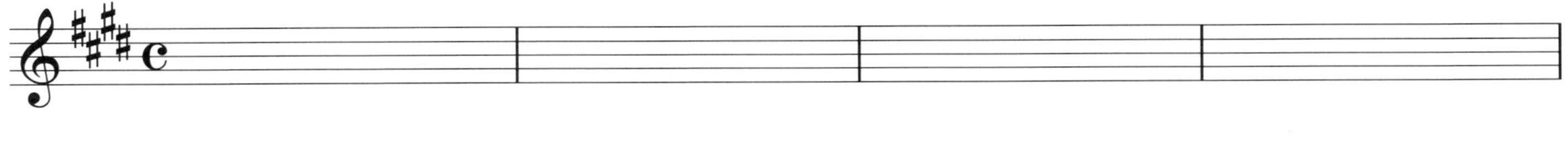

03 E Key로 조옮김

① 1~8마디

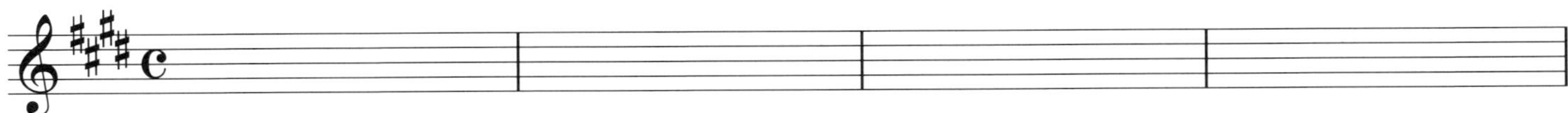

② 9~16마디

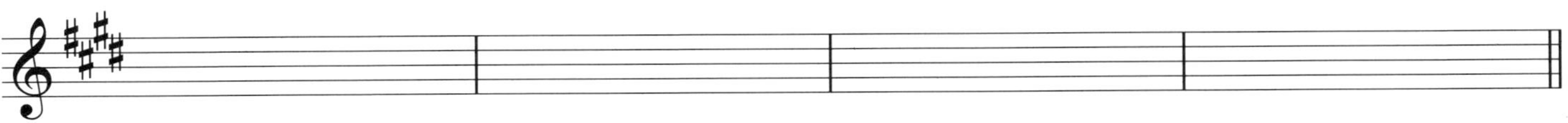

- 리듬이 복잡해보이지만 ♪♩가 ♫♫♩로 변형되어 음의 길이가 짧게 빨리 지나가는 것일 뿐이다. 따라서 CD를 충분히 듣고 시창 연습 후 리듬을 그린다면 금방 익숙해질 수 있다.

- ★은 붙임줄이 연달아 나오기 때문에 시창할 때 박을 정확히 세어야 청음할 때 몇 박에 쉼표가 들어가는지 알 수 있다.

| Stand up for love   Original Key   A♭ / 9~16마디

01 음정분석과 시창 · 청음

Date. ___________

Song by Destiny's Child

02 리듬연습

03 A♭ Key로 조옮김 (35p BREAK TIME 참조)

Tip ●●●

• 어려운 리듬 따라잡기

★리듬은 어렵기 때문에 충분히 CD를 듣고 셋잇단음표 리듬을 확인하며 그린다.

End of the road

Original Key E♭ / 17~24마디

Date. ______________

01 음정분석과 시창·청음

Song by Boys **II** Men

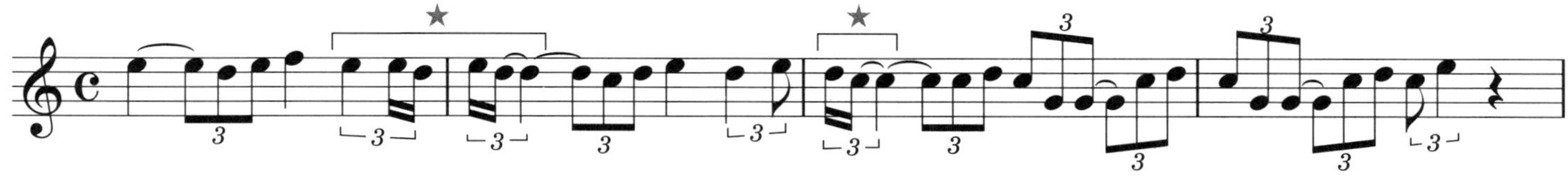

02 리듬연습

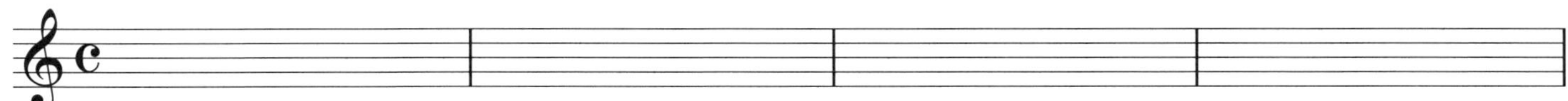

03 E♭ Key로 조옮김

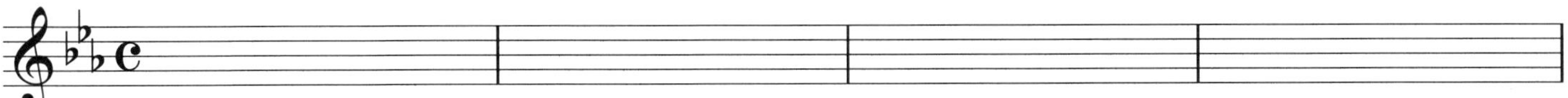

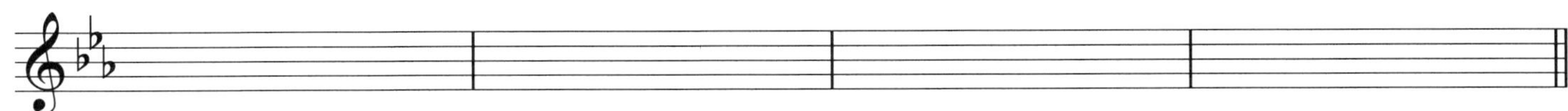

BREAK TIME •••

- 이 곡은 ♩.(점4분음표)를 1박으로 하는 $\frac{12}{8}$ 박자로 기보해도 좋다.

- 이 곡은 Slow Rock 리듬인 ♩ = ♪♪♪ 로, 청음할 때 리듬에 주의해야 한다.

  ★의 리듬은 실제로 ♩를 변형한 리듬으로, 자세히 살펴보면 다음과 같다.

| Sir Duke **Original Key** B / 5~12마디, 13~20마디

01 음정분석과 시창 · 청음

Date. ___________

① 5~12마디

Song by Stevie Wonder

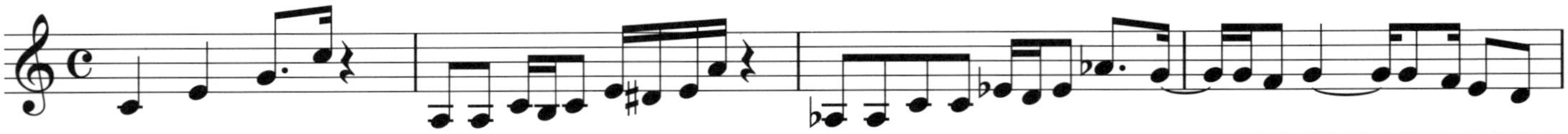

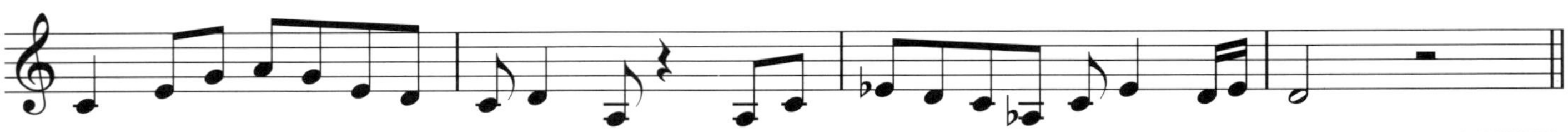

② 13~20마디

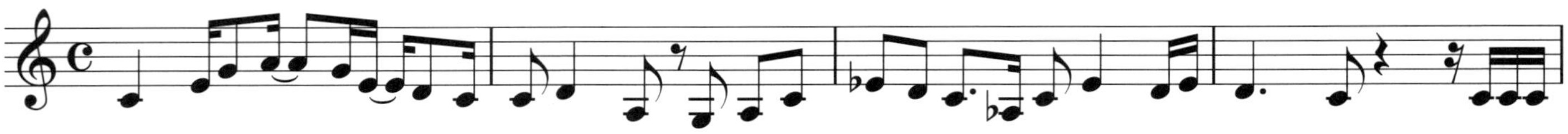

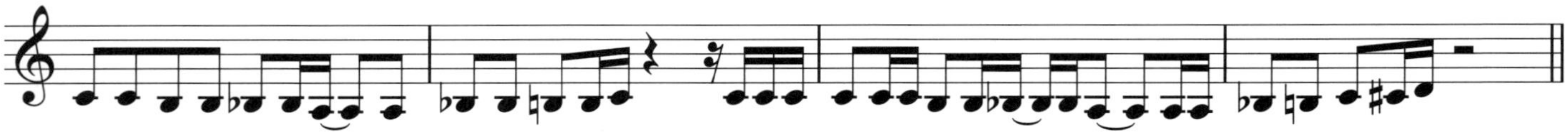

02 리듬연습

① 5~12마디

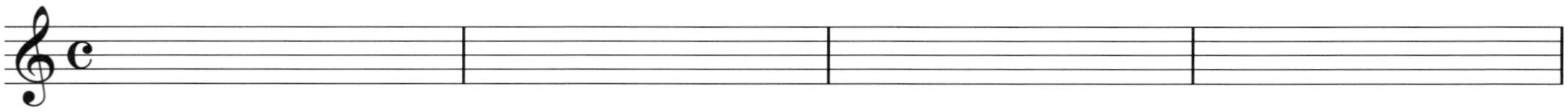

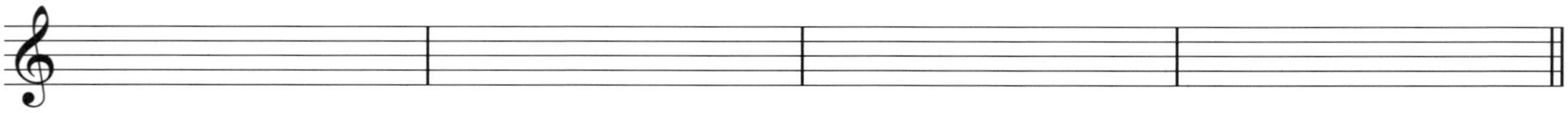

② 13~20마디

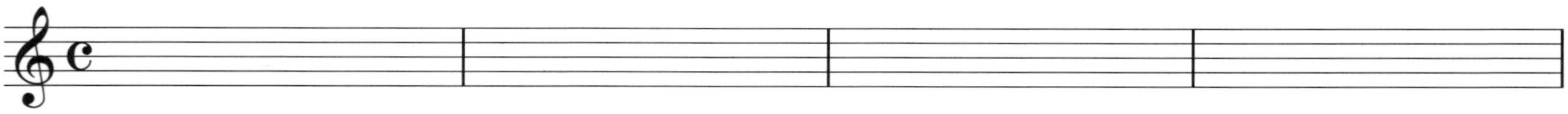

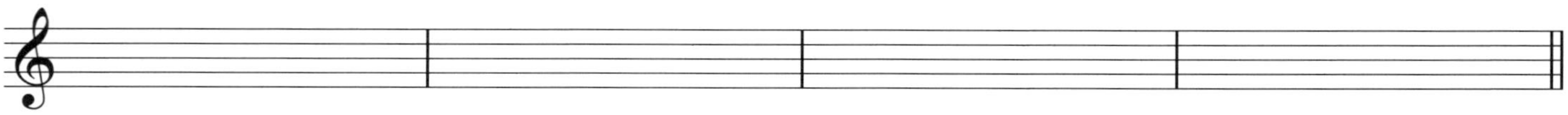

03 B Key로 조옮김 (38p Tip 참조)

① 5~12마디

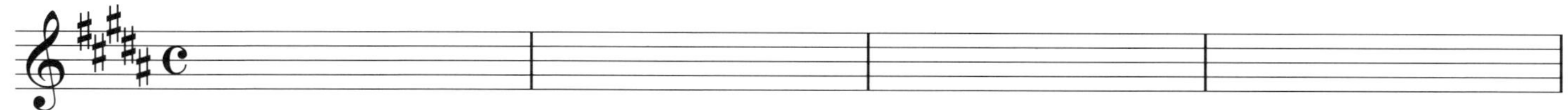

② 13~20마디

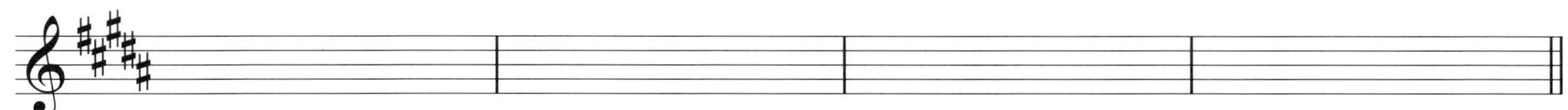

- 이 곡은 전주가 매력적인 곡으로 먼저 원곡과 CD를 자세히 듣고 시창하는 것이 좋다. 임시표가 많고 리듬의 변화가 많기 때문에 먼저 시창을 하면서 리듬에 익숙해지고 난 뒤 음정을 정확히 학습하여야 청음도 쉽게 할 수 있다. Stevie Wonder의 그루브(Groove)가 두드러진 리듬이 사용되어 앞에서 확실히 학습하였다면 무난하게 이 곡을 시창 · 청음할 수 있을 것이다.

▌BREAK TIME ●●●

- 그루브

리듬이라는 뜻으로 특히 흥겨움이 느껴지는 리듬감을 말하는데 흔히 흑인들이 박을 갖고 노는 듯한 느낌을 그루브 감이 좋다고 말한다.

Love me tender (5~12마디) · CD Track 01

Killing me softly with his song (1~8마디) · CD Track 02

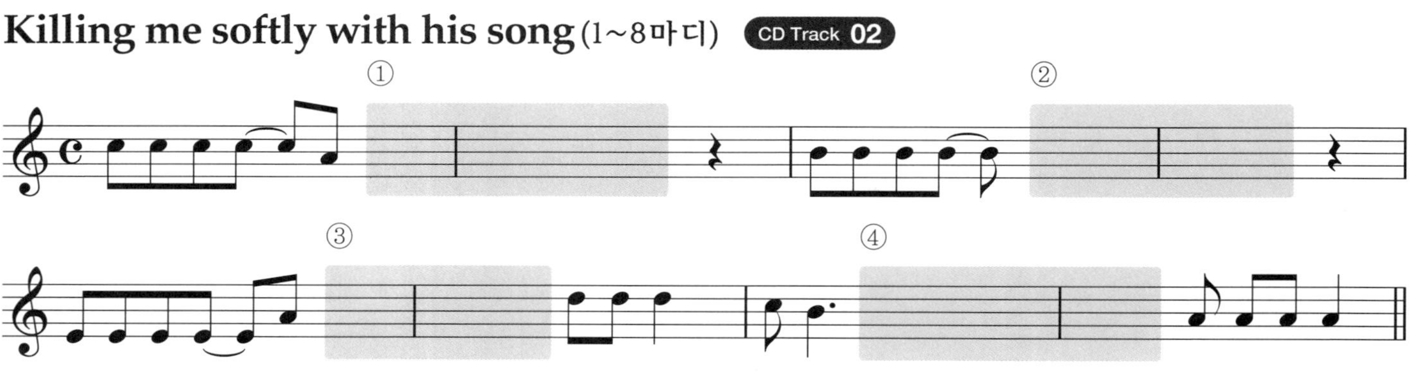

Antonio's song (1~8마디) · CD Track 03

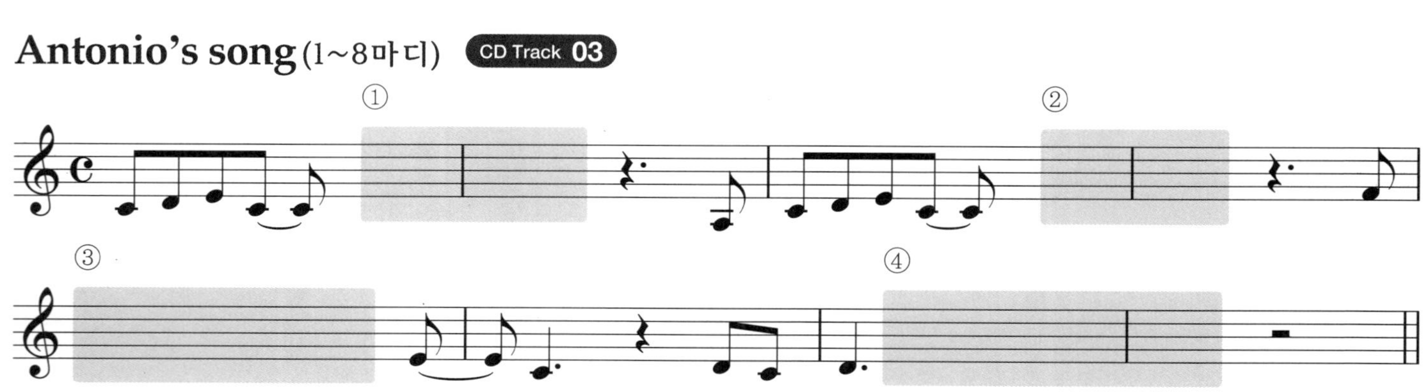

Yesterday once more (9~16마디) CD Track 04
① ② ③ ④
Emotions (1~8마디) CD Track 05
① ② ③ ④
Hey Jude (1~8마디) CD Track 06
① ② ③ ④
Knife (16~23마디) CD Track 07
① ② ③ ④

Love of my life (1~8마디)

Love of my life (31~38마디)

Just when I needed you most (1~8마디)

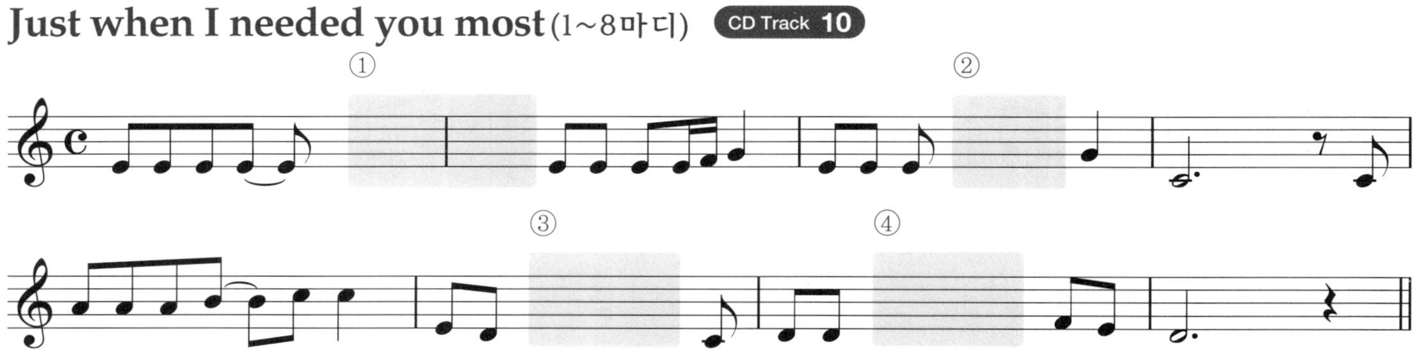

Reality (1~8마디)

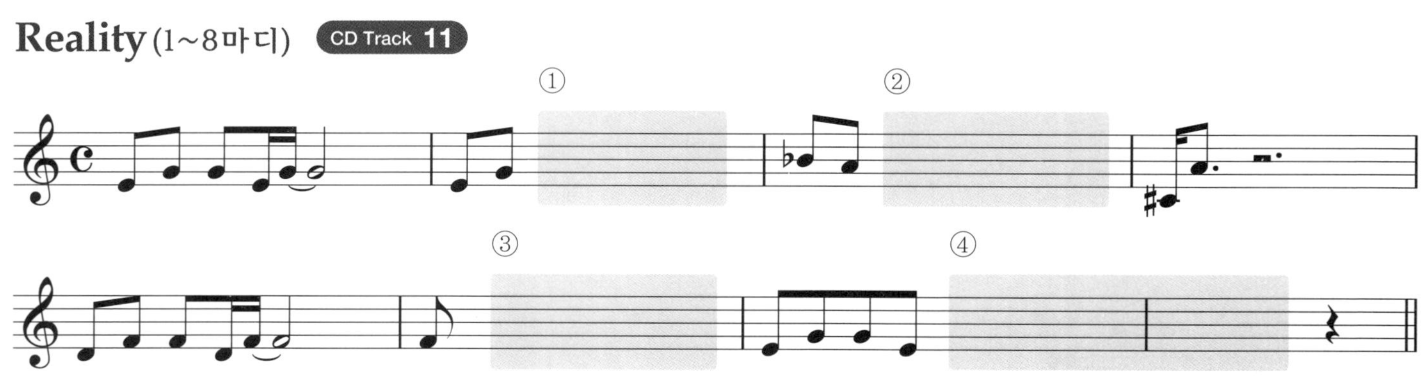

Reality (9~16마디) CD Track 12

Perhaps love (1~8마디) CD Track 13

Moonlight flower (5~12마디) CD Track 14

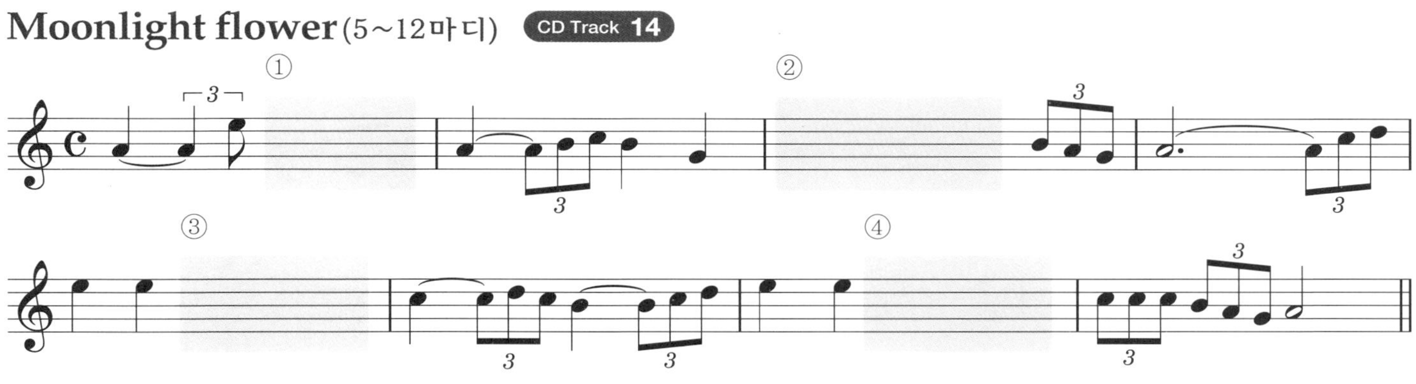

Stairway to heaven (13~20마디) CD Track 15

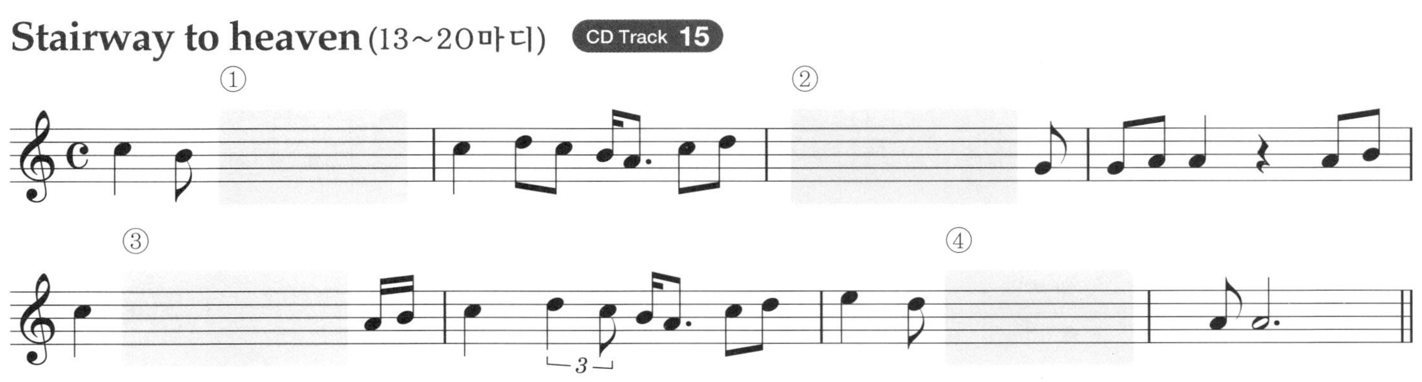

You raise me up(1~8마디) `CD Track 16`

You raise me up(9~16마디) `CD Track 17`

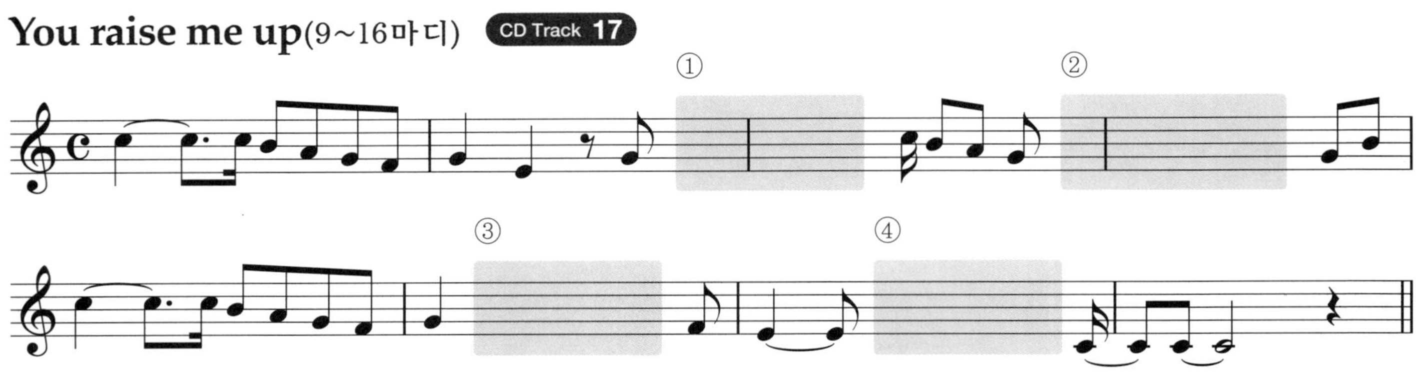

Just the two of us(5~12마디) `CD Track 18`

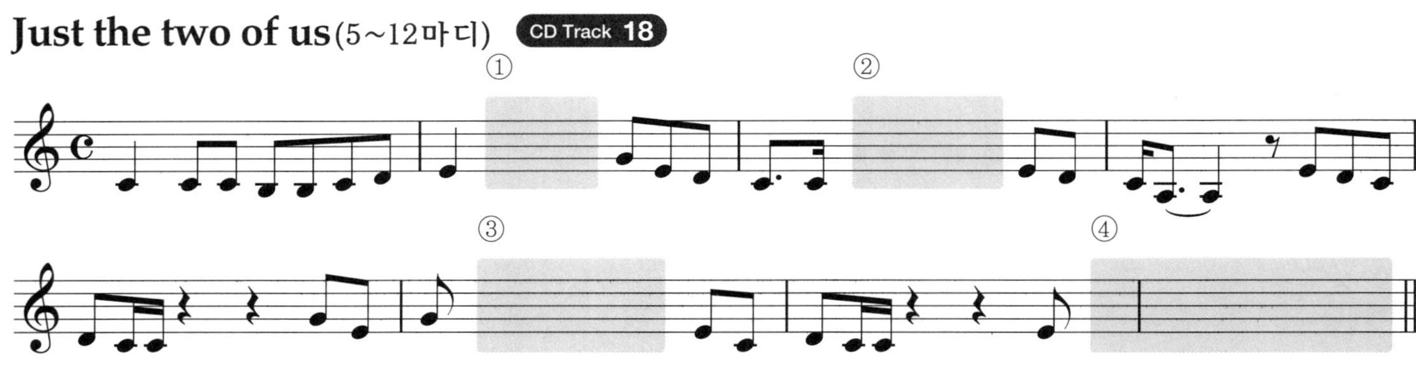

Midnight blue(1~8마디) `CD Track 19`

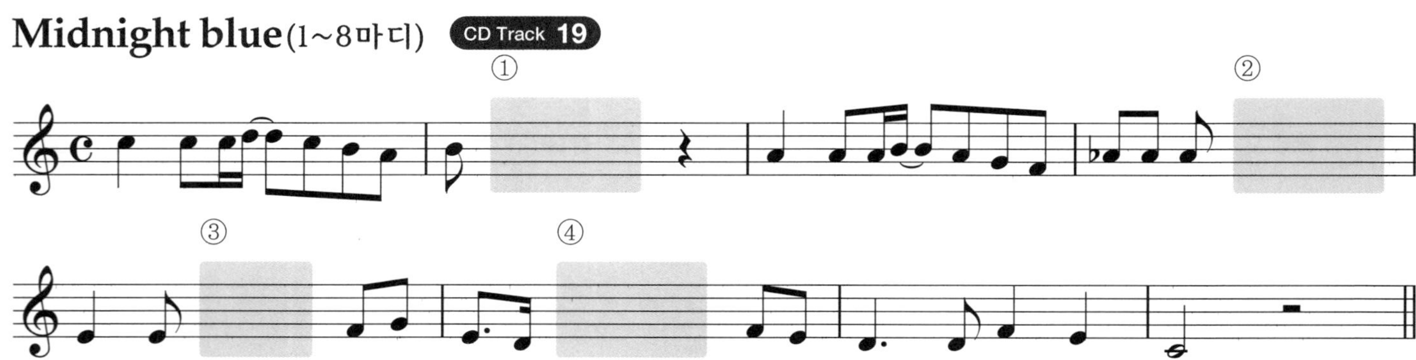

Desperado(1~8마디) CD Track 20

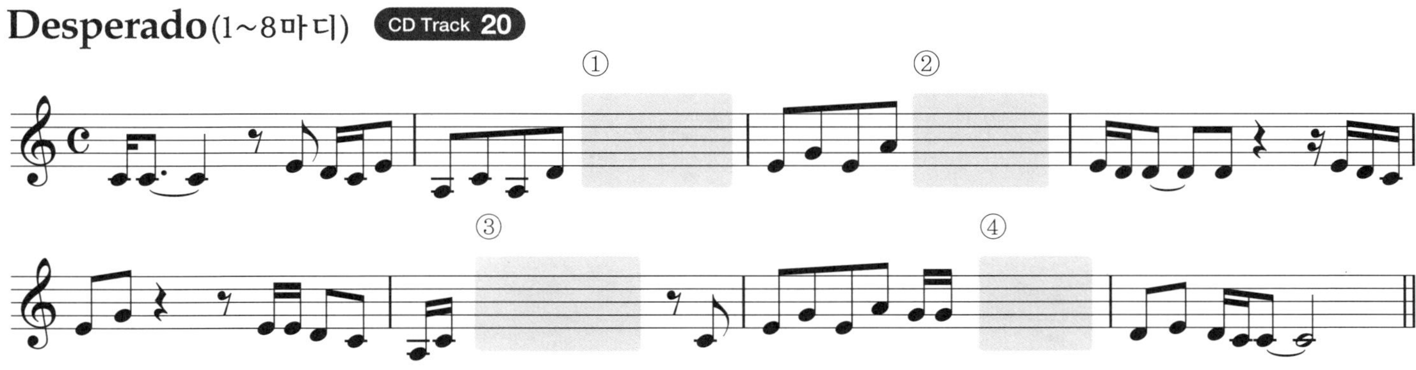

Fly me to the moon(1~8마디) CD Track 21

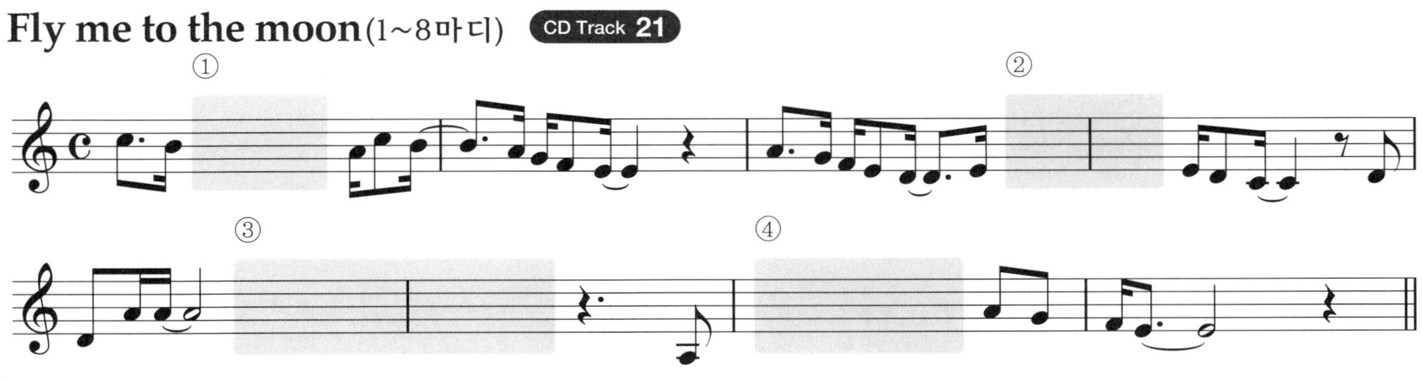

I do it for you(3~10마디) CD Track 22

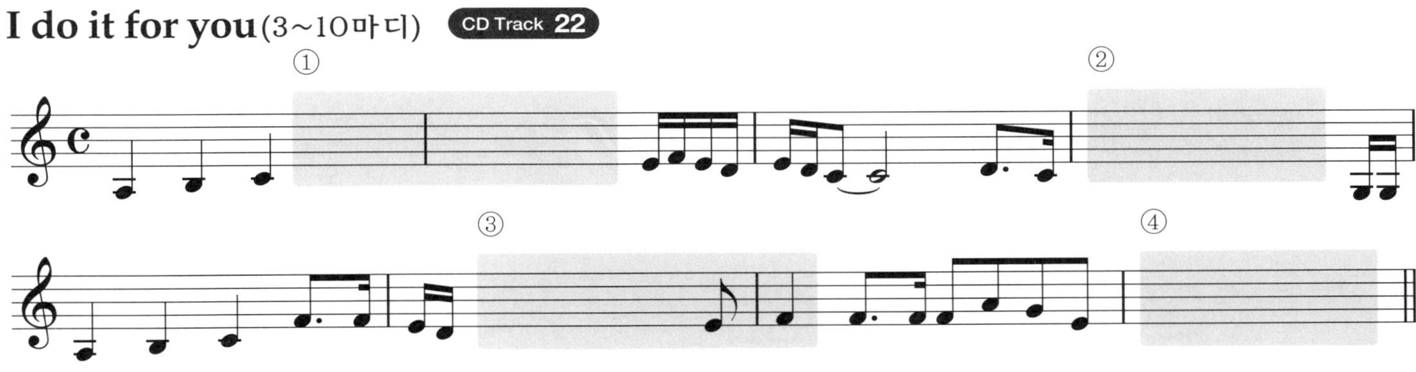

Sympathy(10~17마디) CD Track 23

Saving all my love for you(3~10마디) CD Track 24

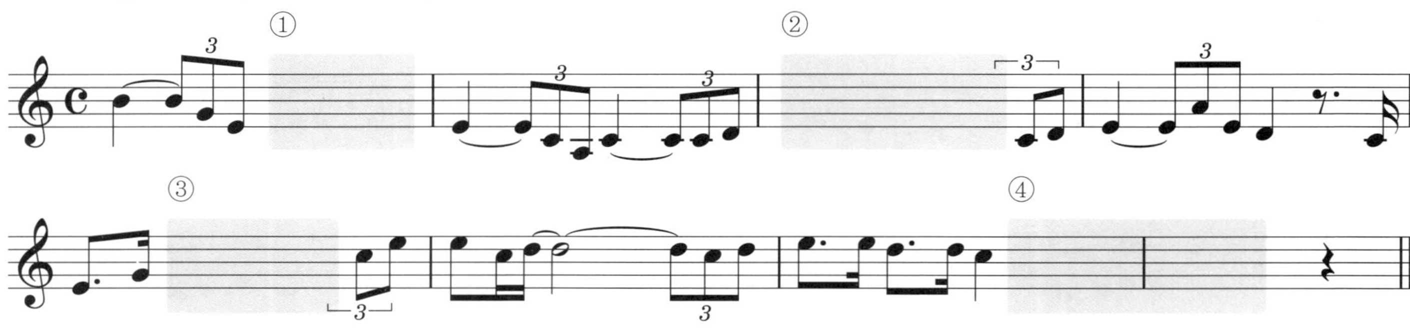

Careless whisper(8~15마디) CD Track 25

Goodbye(9~16마디) CD Track 26

Soldier of fortune(1~8마디) CD Track 27

Rosanna(1~8마디) CD Track 28

Making love out of nothing at all(5~12마디) CD Track 29

Let it be(5~12마디) CD Track 30

Copacabana(3~10마디) CD Track 31

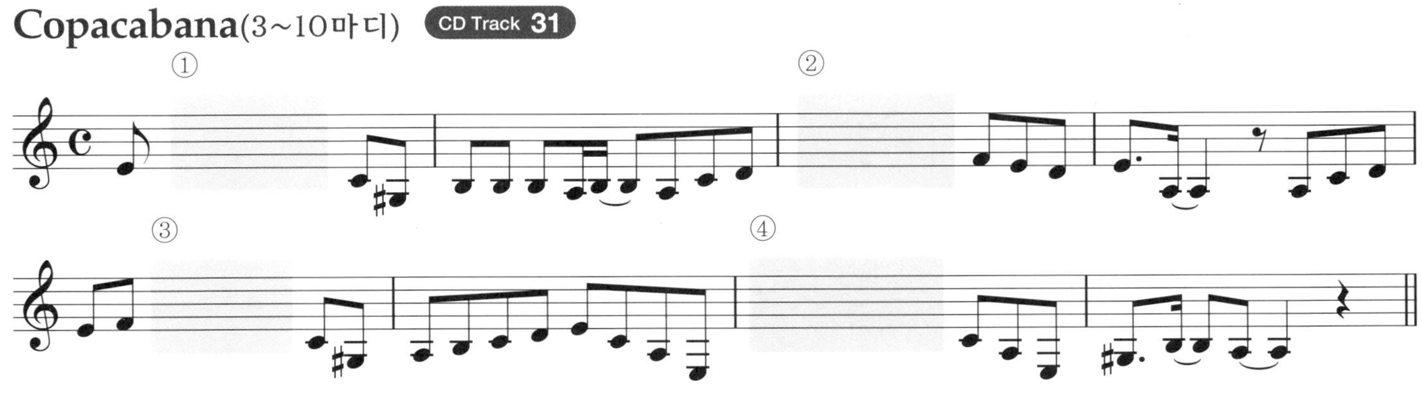

I will always love you(41~48마디) CD Track 32

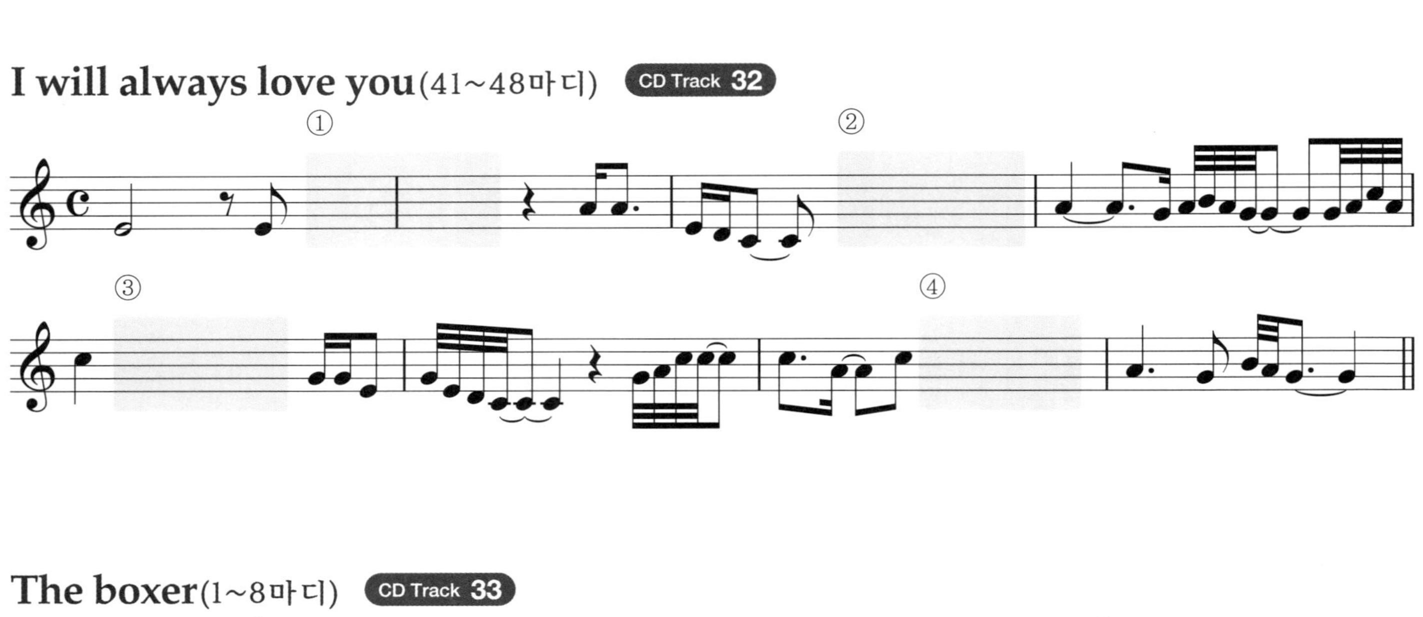

The boxer(1~8마디) CD Track 33

Lately(1~8마디) CD Track 34

Lately(9~16마디) CD Track 35

What can I do(5~12마디) `CD Track 36`

Against all odds(7~14마디) `CD Track 37`

Can you feel the love tonight(3~10마디) `CD Track 38`

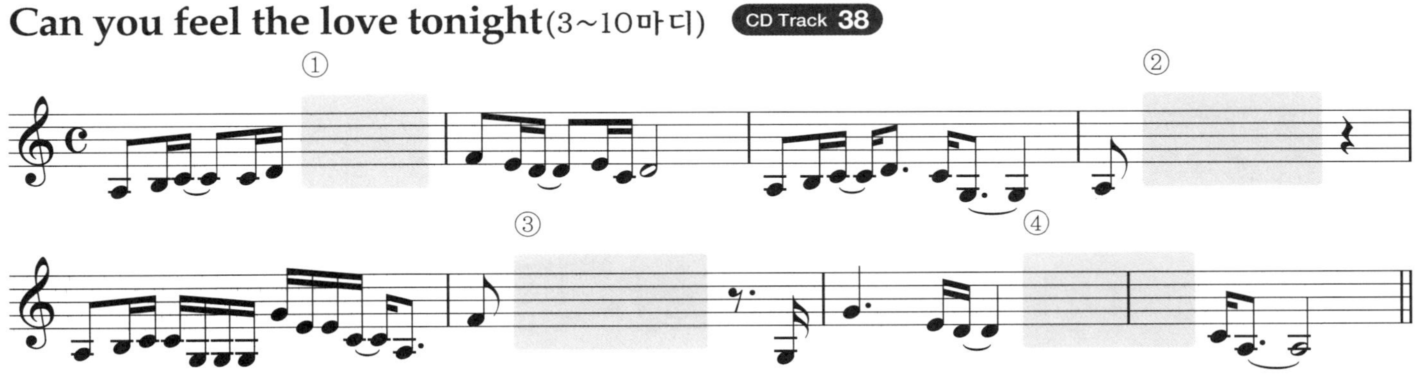

Alone again(1~8마디) `CD Track 39`

Hello (5~12마디) CD Track **40**

Honesty (5~12마디) CD Track **41**

Honesty (9~16마디) CD Track **42**

Billie Jean (21~28마디) CD Track **43**

Smile again(10~18마디) CD Track **44**

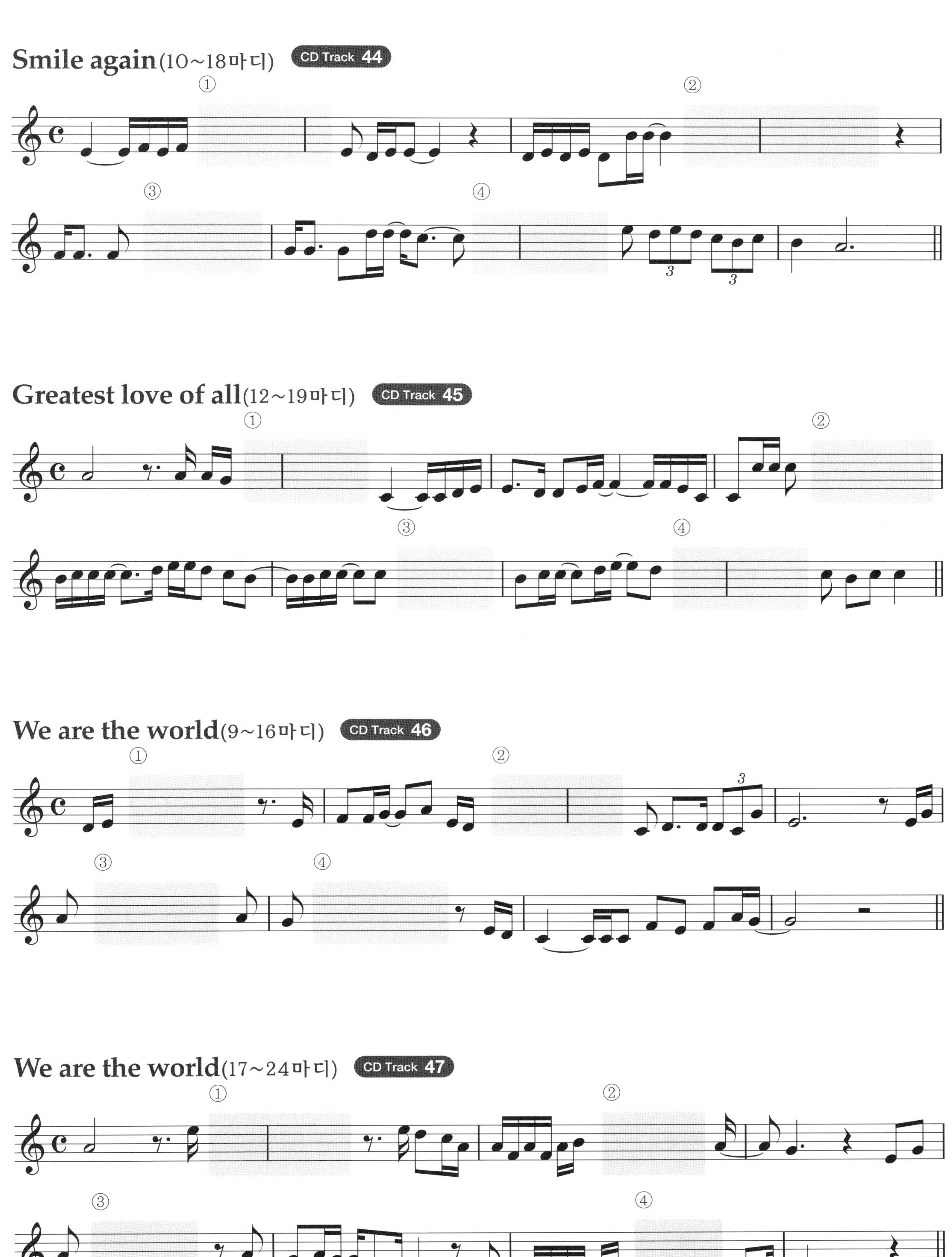

You are not alone (5~12마디) CD Track 48

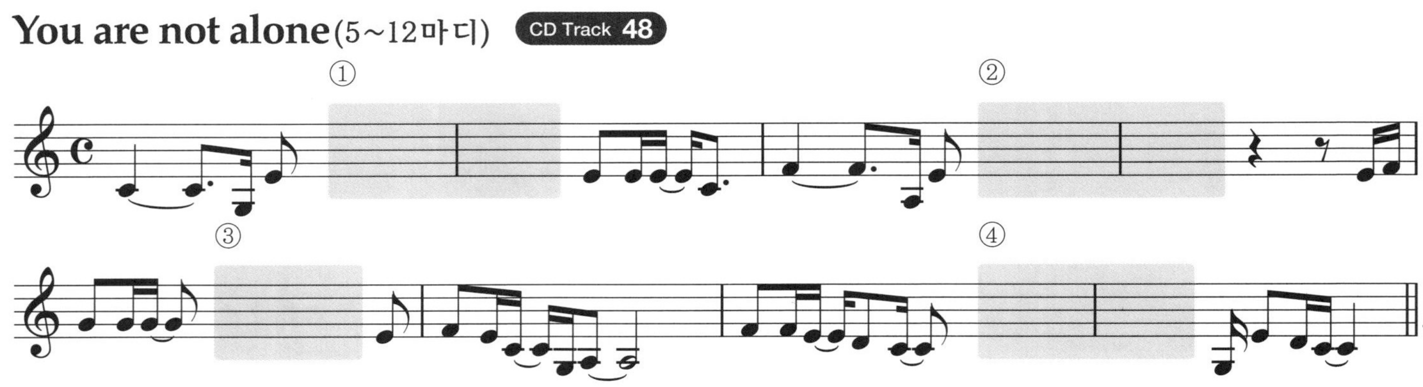

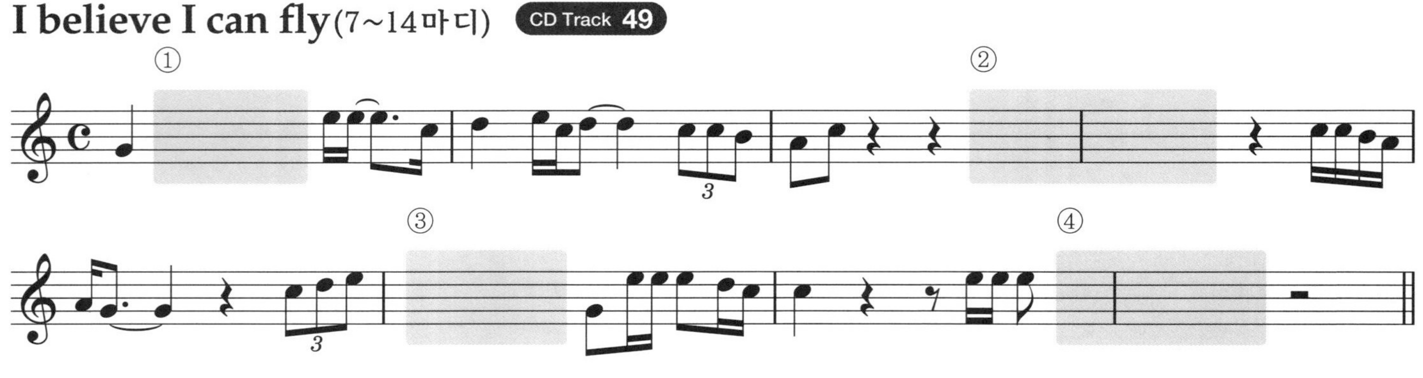

I believe I can fly (7~14마디) CD Track 49

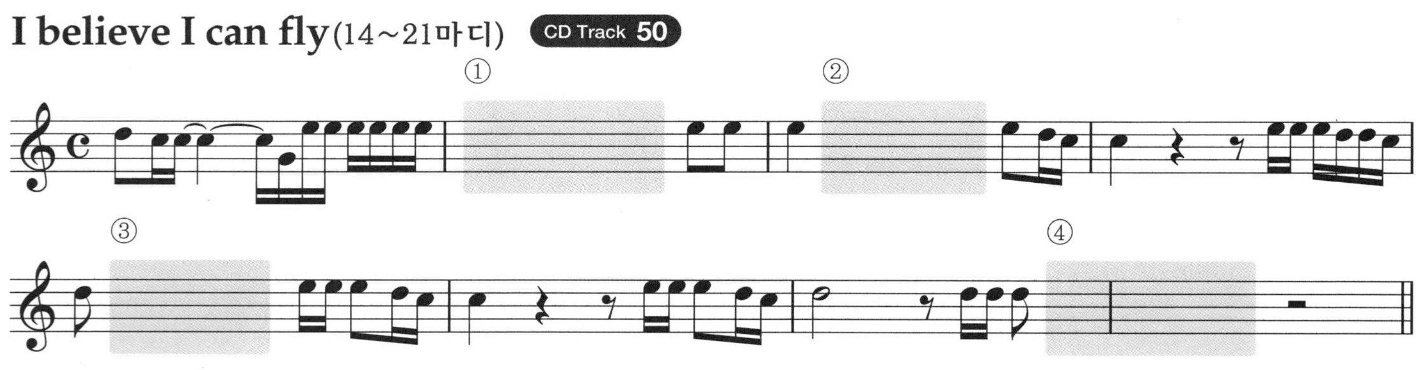

I believe I can fly (14~21마디) CD Track 50

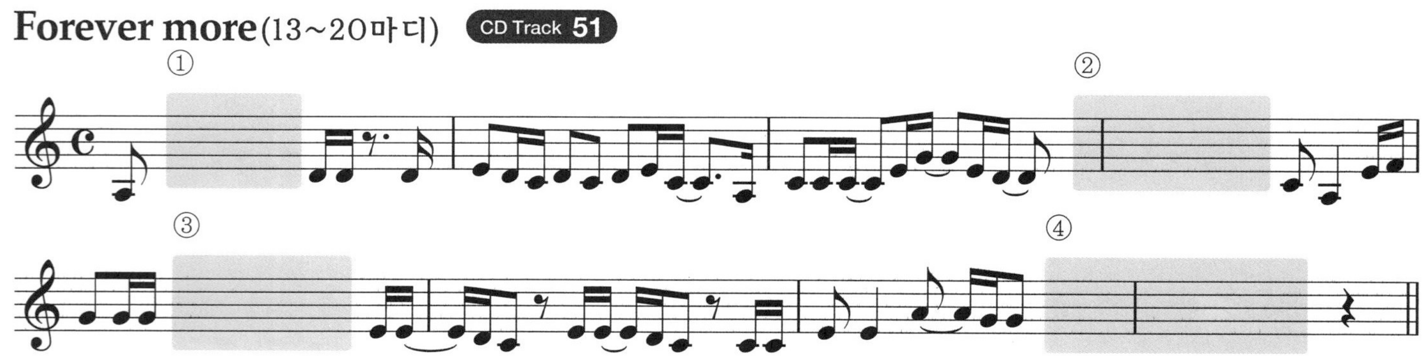

Forever more (13~20마디) CD Track 51

Before your love (11~18마디) CD Track 52

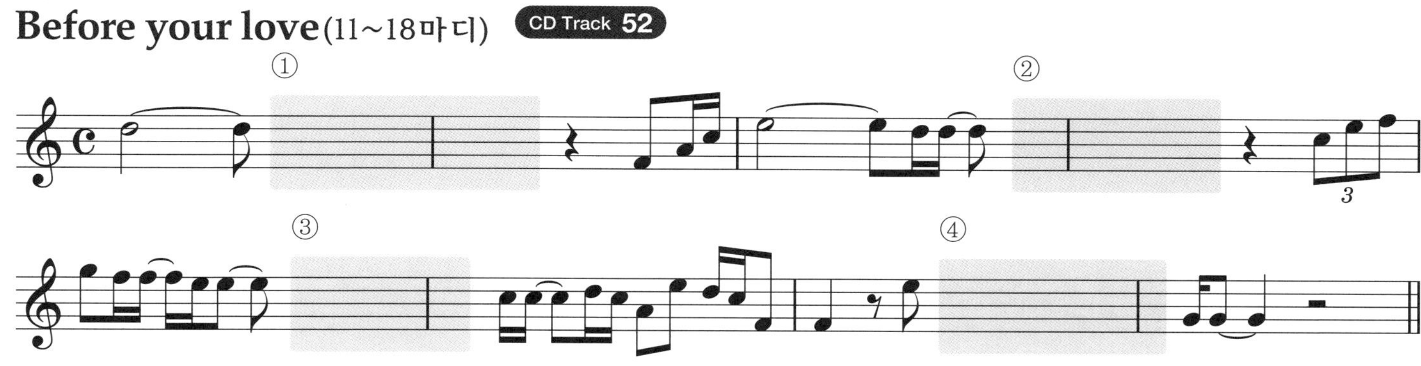

Nothing's gonna change my love for you (5~12마디) CD Track 53

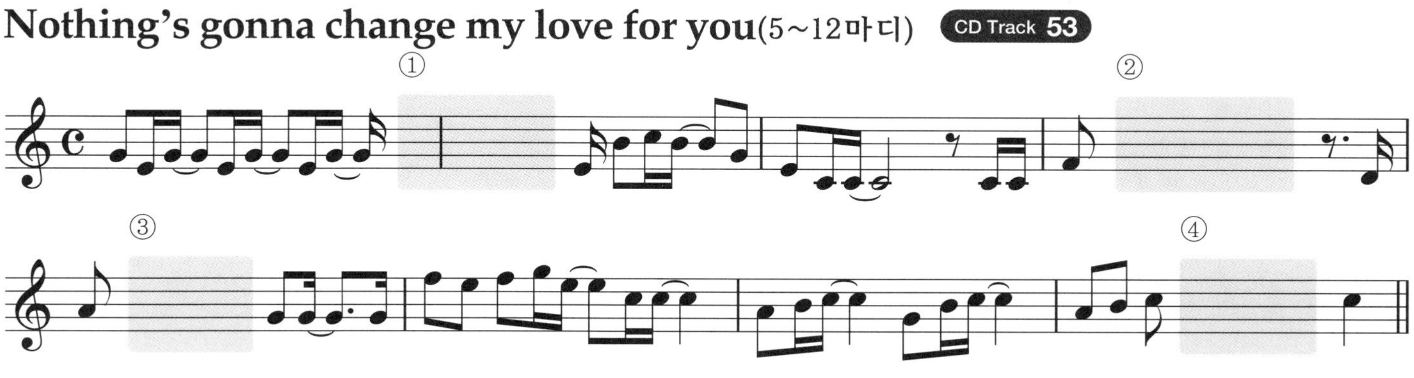

Just once (13~20마디) CD Track 54

I will survive (1~8마디) CD Track 55

For once in my life(1~8마디) `CD Track 56`

Heal the world(5~12마디) `CD Track 57`

You needed me(14~22마디) `CD Track 58`

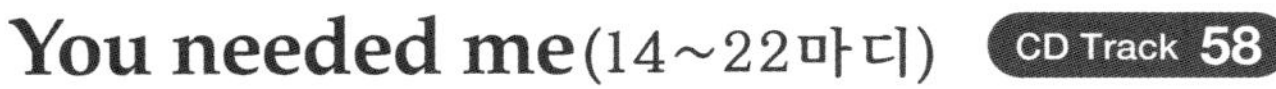

Why goodbye(1~8마디) `CD Track 59`

How an I supposed to live without you(2~10마디, 4마디 제외) CD Track 60

What's up(5~12마디) CD Track 61

Hero(9~16마디) CD Track 62

All at once(8~16마디, 12마디 제외) CD Track 63

It's so hard to say goodbye to yesterday (1~8마디) · CD Track **64**

It's so hard to say goodbye to yesterday (9~16마디) · CD Track **65**

Stand up for love (9~16마디) · CD Track **66**

End of the road(17~24마디) CD Track 67

Sir Duke(5~12마디) CD Track 68

Sir Duke(13~20마디) CD Track 69

❖ 저자약력 Profile

손진숙

- 연세대학교 음악대학 작곡과 졸업
- 연세대학교 음악교육과정 전공 석사 졸업
- 부산대학교 멀티미디어협동 박사과정 수료
- 2011년 김천 전국 가족 연극제 뮤지컬 작품상 대상
- 저서 〈기초음악이론 시창청음(커뮤니케이션시작)〉
  　　〈기초음악이론 실용시창청음(삼호ETM)〉
- 現 백석예술대학교 실용음악과 조교수

팝송으로 쉽게 배우는
실용시창청음

발 행 일	2012년 8월 31일(1판 1쇄)
	2021년 5월 1일(1판 3쇄)
발 행 인	김두영
저 　 자	손진숙
발 행 처	삼호ETM (http://www.samhomusic.com)
	경기도 파주시 문발로 175
	마케팅기획부　　전화 1577-3588　　팩스 (031) 955-3599
	콘텐츠기획개발부　전화 (031) 955-3589　팩스 (031) 955-3598
등 　 록	2009년 2월 12일 제321-2009-00027호
ISBN	978-89-6721-006-9